Hugo Ferrer

El Inversor Global

Inversión y especulación siguiendo la fuerzas económicas que dirigen el mercado de acciones

Prólogo de Daniel Lacalle

© 2014 Hugo Ferrer

Portada y maquetación del libro: José Miguel Pérez Buenaño

Reservados todos los derechos. El contenido de esta obra está protegido por la Ley, que establece penas de prisión y/o multas, además de las correspondientes indemnizaciones por daños y perjuicios, para quienes reprodujeren, plagiaren, distribuyeren o comunicaren públicamente, en todo o en parte, una obra literaria, artística o científica, o su transformación, interpretación o ejecución artística fijada en cualquier tipo de soporte o comunicada a través de cualquier otro medio, sin la preceptiva autorización.

Teléfono: +34 928 844 588
Email: *info@ferrercapital.com*
Calle Coronel Ildefonso Valls de la Torre 7 2G
www.ferrercapital.com

Si desea recibir el libro en PDF escriba a *info@ferrercapital.com*

Hugo Ferrer es asesor del compartimento de fondo de inversión Renta 4 Multigestión / Ítaca Global Macro.

Más información en ferrercapital.com

Y participe en la conversación sobre el libro en twitter con el hashtag **#LEIG**

ÍNDICE

Prólogo de Daniel Lacalle 6

I Introducción 11

1 Las olas y las mareas 12
2 Diferentes enfoques sobre el mercado de acciones 15
3 De geopolítica a equity macro trading 21

II La economía y la bolsa 26

4 El ciclo económico y la bolsa 27
5 Los indicadores económicos 37
6 Los indicadores de empleo 52
7 Otros indicadores económicos 76
8 ¿Se puede confiar en esta forma simplificada de observar el ciclo económico-bursátil? 90
9 La utilidad de la valoración bursátil 108
10 Operando el ciclo, las ineficiencias secundarias del mercado y las operaciones de momentum 116

III Análisis Técnico Contextualizado 122

11 Tendencia macroeconómica y tendencia de precios 123
12 Suelos y Techos del mercado 130
13 Claudicaciones 138
14 Dobles suelos y dobles techos 143
15 Figuras a favor de la tendencia macroeconómica 149
16 Figuras en contra de la tendencia macroeconómica 154
17 Figuras canceladas y los puntos bisagra 156

IV Psicología de mercado y psicología personal.........162

18 El sentimiento y el efecto sorpresa 163

19 Los rumores 169

20 Las portadas, las noticias y los comentarios de los lectores 184

21 Las encuestas de sentimiento 197

22 El VIX 203

23 Psicología personal e inteligencia emocional 217

V Equity Global Macro según Hugo Ferrer 234

24 Análisis tendencia primaria bursátil e inversión de largo plazo 235

25 Análisis y operativa tendencia secundaria bursátil y trading de medio plazo 261

26 Análisis tendencia terciaria bursátil y trading de corto plazo 290

Prólogo de Daniel Lacalle

*"Be fearful when others are greedy,
and greedy when others are fearful"*
Warren Buffett

Recuerdo una tarde en 2007 en la que charlaba con uno de mis lectores. Me decía: "señor Lacalle, esto es un desastre, la economía se desploma y no vamos a saber cómo salir de este atolladero". Tras un análisis concienzudo, digno de un economista de renombre, el lector cerró la charla con una frase sorprendente: "Creo que voy a comprar bancos, que siempre suben a largo plazo". Años después su inversión, incluidos dividendos, aún no se ha recuperado. Esta anécdota ilustra el error de justificar todo con el argumento del "largo plazo" -que en muchas ocasiones se usa como excusa para mantener inversiones erróneas- y la importancia creciente de los indicadores macroeconómicos desde el punto de vista bursátil. Lo que se denomina estrategia "macro global".

Cuando analizamos los factores intrínsecos que afectan a un valor bursátil, herramientas como Barra o Beauchamp nos ayudan a entender qué es lo que hace realmente que se muevan las acciones en la bolsa. En el caso de la mayoría de valores, los factores exógenos -prima de riesgo, aumento de masa monetaria, consumo, tipos de interés o de cambio- pesan mucho, en ocasiones más que los mal llamados "fundamentales". Porque cuando escuchamos en la radio o leemos en prensa la palabra "fundamental" suele ser una excusa para generalidades irrelevantes como "es una buena empresa" o "está muy diversificada". Los fundamentales -mejora de beneficios y ratios de rentabilidad y solvencia- importan, y mucho, pero no así las vaguedades publicitarias que a veces nos venden. Ahí es donde se diferencia el inversor "value" y fundamental verdadero del "cierro los ojos y rezo".

Además, el análisis macroeconómico político no tiene nada que ver con el macro bursátil. Un país puede seguir en un entorno frágil y de crisis mientras que sus bolsas suben porque el crecimiento pasa de -2% a -1% y la comparación entre variables de dos períodos sea expansiva. El caso más típico es el empleo, que explica Hugo Ferrer en este libro. Un país como EEUU o España puede encontrarse en una fase de empleo precario y frágil y, sin embargo, ser éste un indicador bursátil alcista. Una cosa no tiene nada que ver con la otra, y cuanto antes nos demos cuenta de que lo que importa para las bolsas es la mejora de la tendencia macroeconómica y no la solución de todos los problemas políticos, mejor. En 2007 la economía se encaminaba hacia una enorme recesión y, sin embargo, los indicadores bursátiles eran alcistas a corto plazo impulsados por el gasto en obra civil y la burbuja inmobiliaria. La "percepción de prosperidad" a través de deuda apoyaba las bolsas. Ahora bien, el deterioro alarmante de los indicadores y la sorpresa de los operadores ante la virulencia de ese agravamiento generó el pánico vendedor ante una recesión mucho más grave de lo que los operadores estimaban.

No olvidemos que más del ochenta por ciento del dinero invertido en las bolsas está gestionado por fondos de inversión globales que solo pueden comprar. Son los llamados "long only" y suelen reaccionar de manera más relevante ante noticias positivas que ante eventos negativos. El inversor global es, por naturaleza, alcista. Por eso se dan también los pánicos vendedores, porque cuando llega la parte del ciclo bajista, suelen pillar desprevenidos o complacientes a muchos. Y los bancos de inversión, incluso en los períodos recesivos, suelen tener una enorme mayoría de recomendaciones de "comprar", aunque revisen a la baja sus estimaciones.

Una parte muy importante del sentimiento de mercado y su evolución futura es precisamente eso. Lo que se espera, y lo que se sabe. Les impresionará ver en este libro la evolución de las bolsas tras ciertas portadas de periódicos o recomendaciones de algunos "expertos". Lo que todo el mundo sabe y lo que es una sorpresa negativa o positiva.

Y es que la bolsa no es la economía real, y hasta en los periodos depresivos se dan grandes rebotes. Porque la bolsa depende tanto de las expectativas de beneficios empresariales como de ese indicador tan complejo como es el coste medio de capital (WACC). Y muchas veces olvidamos la enorme importancia del coste de capital, aunque intuitivamente lo percibamos al ver las bolsas subir cuando bajan las primas de riesgo.

Por eso no es fácil hacer inversión "macro global". Tengo muy buenos amigos en fondos que gestionan decenas de miles de millones de dólares como Brevan Howard, Caxton o Blackstone y su trabajo no es fácil. Charlar con ellos siempre es un placer por su experiencia, honestidad y humildad al reconocer las dificultades y sus errores al analizar tendencias. Indicadores adelantados de antaño -por ejemplo, la producción industrial- ya no son buenos para predecir el movimiento de las bolsas. El sentimiento de mercado cambia con enorme facilidad porque el entorno global es frágil, y los cisnes negros -eventos inesperados que hacen que caigan las bolsas- son tan frecuentes como las políticas monetarias expansivas, que explican parte, pero no todo, de un ciclo bursátil alcista.

Es ahí donde un buen análisis de tendencias macroeconómicas nos lleva a evitar los errores de "compra todo porque los bancos centrales están imprimiendo" o "vende todo porque el sector financiero está fatal". Y los grandes analistas de macro global suelen mover sus carteras en esos periodos entre sectores cíclicos, ultracíclicos y defensivos.

Un buen análisis macro bursátil no solo tiene en cuenta las tendencias, sino que analiza la combinación de factores -no solo uno, ni mucho menos los más populares, como por ejemplo el PIB o el empleo, que son los más destacados por los medios de comunicación- y su impacto en las bolsas. Para ello existen muchas herramientas, pero la prueba definitiva de "lo que importa" para las bolsas es la correlación y el análisis estadístico. Ustedes escucharán grandes discusiones sesudas entre economistas pero al final lo que importa es si existe una causalidad y correlación. Eso nos lleva a descartar factores e incorporar unos nuevos.

Una vez llegado a este punto usted pensará que vaya lío y

que no hay fórmulas mágicas infalibles. Claro que no. Yo llevo gestionando carteras diez años y me equivoco muchas veces. La cuestión es entender los factores clave, las distintas herramientas que se muestran de manera amena y rigurosa en este libro y aprender de los errores.

Recuerden que en la mayoría de los casos los inversores no pierden dinero por hacer un mal análisis, sino por cambiar sus tesis para autojustificarse y agrandar el agujero en el proceso.

Un buen análisis de tendencias requiere de una enorme dosis de humildad y tener siempre en cuenta que el dinero con el que contamos para invertir no es infinito para doblar las apuestas erróneas. La cita de Warren Buffett que encabeza este prólogo es importante, pero también es relevante recordar que jugar a imitarle sin tener fondos crecientes para gestionar es un riesgo, y no pequeño. Por eso es necesario analizar y entender bien las tendencias.

Sentido común y aprender de los errores. Estos son los cimientos esenciales de la casa del buen inversor. Les dejo con un estupendo libro que les va a servir de guía para conocer muchas herramientas imprescindibles para invertir con éxito. Y cuando tengamos la tentación de pensar que "el mercado se equivoca" recordemos la importancia de ser humildes y analizar en qué nos equivocamos nosotros.

I
Introducción

"

Conseguir invertir con resultados satisfactorios es más sencillo de lo que la gente piensa, pero conseguir resultados superiores es más difícil de lo que puede aparentar.

Benjamin Graham

"

1. Las olas y las mareas

Ningún soldado ha ganado jamás ninguna guerra. La victoria es de los estrategas que estudian las condiciones generales y disponen de sus recursos en los tempos adecuados. Ningún marino que iza, arría velas o ata cabos ha conquistado nunca continente alguno. Lo hicieron los visionarios que imaginaron un mundo esférico y apostaron por ello.

De igual manera, es difícil llegar lejos invirtiendo y especulando en el mercado de acciones simplemente atendiendo a los factores menores, a las tácticas o, peor aún, haciendo caso a la rumorología, las noticias y las creencias sesgadas del día a día.

Para negociar con éxito lo inmediato es mejor conocer lo amplio. El análisis y la operativa bursátil necesitan siempre de contexto, de saber cuáles son las condiciones económicas generales que lo condicionan todo de forma decisiva.

En las siguientes páginas le enseñaré a entender qué es lo que realmente influye en el comportamiento general de las cotizaciones. Entenderá por qué existen tendencias alcistas y bajistas en la bolsa y aprenderá a identificar los puntos de inflexión más importantes.

Además, por fin podrá utilizar correctamente el análisis técnico y el estudio del sentimiento, ambas herramientas tácticas que alcanzan el máximo de su potencial si son utilizadas teniendo en cuenta las tendencias económico-bursátiles principales. Al igual que los misiles, las escuadras aéreas y los portaviones solo pueden dar la victoria si se utilizan de forma inteligente dirigiéndolos a los objetivos clave en los momentos correctos, en la bolsa un operador ya puede contar con todo el arsenal del mundo que si no sabe utilizarlo acabará siendo derrotado y sus propias armas le estallarán en las manos.

Imagine que por un segundo se puede trasladar a la fantástica playa de Famara en la isla de Lanzarote y en la orilla observa cómo rompe una ola en la arena durante un único instante. Ahora cierre los ojos. Ciérrelos y no vuelva a mirar lo que ocurre a su alrededor. ¿Me podría decir si la próxima ola romperá más arriba o más abajo de donde rompió la ola anterior?

La respuesta es no. Da igual cuánto analice esa única ola que pudo ver. Dan igual los análisis que haga sobre ella, las herramientas analíticas que aplique o las teorías económicas y políticas que considere, nada de eso responderá a la pregunta de dónde romperán las próximas olas.

En bolsa ocurre igual. Los análisis de corto plazo, las herramientas tácticas o las abstractas teorías económicas y políticas palidecen a la hora de explicar qué es lo más probable que ocurra en los próximos días, semanas y meses en el mercado de acciones. Al igual que ocurre con las olas donde lo importante es el estudio de las mareas y las corrientes marinas, en la bolsa lo importante es el estudio de las condiciones económicas generales, es decir, de la marea macroeconómica.

Este estudio del ciclo económico, además, no puede ser sofisticado, irrealista o basado en teorías academicistas o en una visión normativa del mundo que propugne como deberían ser las cosas. No. El especulador no es un teorizador; es un observador. La propia etimología latina de la palabra lo dice, *specularis* significa "mirar desde arriba, desde una atalaya, observar".

El inversor y especulador global observa el flujo económico desde un punto de vista empírico y simplificado que le lleva a tomar decisiones sabias con un mínimo de errores a cometer por el camino. En un mundo bullicioso lleno de ruido, rumores, creencias y normas el observador en la atalaya solo ve corrientes y las sigue. Ve menos cosas pero ve mejor.

El inversor y especulador global ve el mundo, lo reconoce, lo acepta y dispone de sus recursos acorde a esa realidad. No tiene en su boca la palabra *debería* sino la palabra *es*. No argumenta, hace. No complica, simplifica.

Este libro está dedicado a todos los inversores y especuladores sean cuales sean sus intereses y enfoques. Gracias a los siguientes capítulos encontrarán la forma de invertir mejor en el largo plazo -7 o más años-, especular con éxito a pocos meses y años y hasta mejorar su operativa de corto plazo. Todo esto es posible porque mercado solo hay uno. El mismo para todos.

2 Diferentes enfoques sobre el mercado de acciones

El mercado de acciones o como solemos decir, *la bolsa*[1], puede abordarse desde muchas perspectivas. La bolsa es un fenómeno complejo que permite que los inversores puedan obtener rentabilidad a través de vías que nada tienen que ver entre sí o incluso que pueden aparentar ser antagónicas.

Elegir un enfoque de inversión u otro es completamente dependiente de la visión y preferencias que un operador tiene sobre el mundo según la propia experiencia vital, los conocimientos adquiridos, la educación, los prejuicios y la cultura en la que cada inversor ha crecido.

El concepto de enfoque nada tiene que ver con el de estrategia o el de táctica. Para aclararnos, un inversor observa el mundo bursátil y cree tener una idea de cómo funciona. En base a esa visión, idea o enfoque decide que va a invertir siguiendo una serie de reglas determinadas que le han de llevar al éxito; esto es la estrategia. Y como toda regla general necesita de ser amoldada a la realidad según los hechos que se van sucediendo en el presente, hará uso de diferentes tácticas que son actuaciones sobre el terreno siempre encaminadas a ejecutar la estrategia general de la manera más eficiente posible.

Existen tres grandes enfoques en bolsa:

---

1. *Etimología "bolsa de valores"* http://www.elcastellano.org/palabra.php?id=1466

1. El análisis fundamental

Es el enfoque mayoritario y el que enseñan en las escuelas de negocios. La base de la que parte todo análisis fundamental son los estados financieros de una compañía. El inversor fundamental se interesa por saber cuáles son los activos y pasivos de una empresa, sus beneficios, sus gastos, su margen operativo, cuál es la situación de la compañía con respecto a la competencia y un largo etcétera de variables que definen el negocio.

El análisis fundamental también valora otros elementos que no son estrictamente el análisis de las cuentas de una compañía, hablamos de los factores cualitativos. Un buen análisis fundamental también observa si se puede confiar en los directivos de una compañía, investiga si los números que éstos publican son ciertos o están *cocinados*, si las marcas de una compañía tienen prestigio y eso supone una ventaja, si las patentes que la empresa guarda bajo llave crearán valor en el futuro y otros elementos difíciles de cuantificar con exactitud pero a los que se le debe prestar atención.

¿De qué serviría analizar una compañía como *Coca Cola* desde un punto de vista meramente cuantitativo? Cualquiera puede fabricar un refresco de agua y azúcar, pero la marca importa y mucho. Cualquier análisis cuantitativo de la compañía de refrescos más reconocida a nivel mundial estaría incompleto si no se tienen en cuenta esos otros elementos que le permiten estar en una posición de liderazgo.

En resumen, el análisis fundamental es el estudio pormenorizado de todos los posibles aspectos -cuantitativos y cualitativos- de una compañía para llegar a responder de forma afirmativa o negativa si invertir en esa empresa es una buena decisión. Si la compañía cotiza a un precio menor que el valor presente o futuro estimado por el analista, entonces lo recomendable es comprar. En el caso de que la compañía cotice a un precio mayor que el valor estimado, entonces lo recomendable es vender. Dentro de la categoría general de análisis fundamental, pueden distinguirse dos grandes estilos de inversión[2]: el *value investing* o inversión en valor y el *growth investing* o inversión en crecimiento. La primera es la filosofía inversora que busca empresas incorrectamente infravaloradas por el mercado mientras que la segunda busca empresas en fase de desarrollo que aún conserven un alto potencial de crecimiento. Por su propia naturaleza, el horizonte inversor de los practicantes del análisis fundamental es el largo plazo, ya que una empresa infravalorada puede necesitar el paso de muchos años antes de que la cotización refleje su valor real. O si se trata de una compañía en crecimiento, es probable que necesite muchos años de desarrollo para justificar el precio al que el inversor compró sus acciones.

2. El análisis técnico

Este método de análisis, que es el segundo enfoque más utilizado en los mercados, podría decirse que es el análisis

---

2. *Estrategias de inversión exitosas*, Juan Ramón Rallo http://www.libertaddigital.com/opinion/ideas/estrategias-de-inversion-exitosas-1276234692.html

alternativo. El análisis técnico estudia series de precios y volúmenes de cualquier instrumento financiero y de una miríada de indicadores derivados de esos mismos datos.

Los analistas técnicos entienden que el mercado se comporta de forma no aleatoria formando patrones que se repiten en el tiempo. Así, un estudio pormenorizado del historial de precios permitiría detectar patrones y sacar provecho de ellos. Para el analista técnico carece de completo valor conocer si las ventas de una empresa aumentan, si el margen operativo se erosiona o si las cuentas de resultados son fidedignas. Para el analista técnico todos esos elementos se reflejarán en el precio a través de patrones que aconsejarán la compra o venta de esa acción. El análisis técnico suele ser el método analítico y operativo favorito de los operadores con un horizonte temporal más reducido, como los operadores intradiarios o a pocas semanas vista[3].

3. El análisis macroeconómico

El análisis macroeconómico, en sentido estricto, es un tipo de análisis fundamental que en vez de observar la situación de una compañía individual, tiene en cuenta la situación económica de un país, su sistema político y sus relaciones con los demás países. Y también en sentido estricto se puede decir que se enseña en las facultades de

---

3. *Importance of technical and fundamental analysis in the european foreign exchange market* http://www.webster.ac.at/files/Importance_of_Technical_and_Fundamental_Analysis_in_the_European_Foreign_Exchange_Market_0.pdf

economía. No obstante, la aplicación real de un análisis macroeconómico es un *deporte* completamente diferente al del análisis fundamental sobre acciones individuales y en la práctica tiene poco que ver con lo que se puede aprender en un manual de macroeconomía.

El analista macroeconómico tiende a observar la realidad desde un enfoque global o general. No suele interesarse especialmente por los detalles de una determinada compañía o lo que pueda ocurrir con un instrumento financiero en particular. Su punto de observación son los grandes datos económicos, el funcionamiento del sistema político y el comportamiento de esas variables con respecto a la bolsa. El analista macroeconómico reconoce que el comportamiento de una acción es completamente dependiente de las bondades del negocio de la compañía que representa la acción; pero también que, a largo y medio plazo, una acción sólo es una gota más de las grandes corrientes que atraviesan los océanos.

En este libro nos centramos en el análisis macroeconómico para practicar el denominado trading macro. Muchos de los operadores se mantienen fieles a un solo estilo de inversión, pero otros muchos practicantes combinan varios enfoques a la hora de abordar el mercado. Yo mismo me encuentro entre estos últimos y practico un estilo de *macro trading*[4], que está basado en una forma concreta de analizar la situación macroeconómica y en la que además me ayudo

---

4. Nota: "Trading macro", "macro trading", "global macro" son todos términos intercambiables los unos por los otros.

de múltiples herramientas técnicas y de sentimiento para desarrollar mis operaciones.

El *trading macro* es una disciplina propicia para ser practicada en el medio plazo, entendido el medio plazo como el rango de tiempo que va desde unas pocas semanas hasta unos pocos años. El muy corto plazo, por regla general, es insuficiente para que se desarrolle al completo una temática macroeconómica y, el largo plazo, suele ser un horizonte inversor completamente inaplicable desde el punto de vista del inversor o especulador macro. No obstante, en los últimos capítulos del libro veremos como todos los tipos de operadores pueden sacar provecho de un buen análisis de las tendencias macroeconómicas.

3. De geopolítica a equity global macro

Inversión geopolítica -*geopolitics*-, *global macro*[1], *trading macro, macro trading*, inversión global y otros términos similares pueden utilizarse indistintamente para definir el mismo estilo de inversión que estamos tratando.

Lo practican aquellos inversores que relacionan los eventos macroeconómicos y políticos de un país -o región económica-, con los cambios de precio en las acciones, bonos, materias primas, divisas u otros activos financieros. De este enfoque que relaciona eventos macroeconómicos con cambios en las cotizaciones de múltiples activos de inversión e instrumentos financieros, se obtiene la palabra macro que describe a este estilo de inversión.

El enfoque global macro es complicado de definir porque, de todos los estilos de inversión conocidos, es el que permite mayor variedad de estrategias, tácticas y mercados financieros donde aplicarlo[2].

Algunos gestores macro son 100% fundamentales, queriendo esto decir que todas sus decisiones se basan en analizar la situación macroeconómica y política de un país -o área económica- y estructurar inversiones a partir de las

---

1. *George Soros: the philosophy of an elite investor* http://www.investopedia.com/articles/financial-theory/09/how-soros-does-it.asp
2. *Global Macro: trading that is not for the timid* http://www.ft.com/intl/cms/s/0/45e4d8a2-888b-11e0-afe1-00144feabdc0.html#axzz2mnCMWACA

conclusiones que arrojan sus análisis, todo ello sin tener en cuenta criterios técnicos o aspectos psicológicos dentro de sus decisiones.

Dentro del grupo de gestores macro puramente fundamentales, encontramos el subgrupo de los gestores macro fundamentales discrecionales y el subgrupo de los gestores macro fundamentales sistemáticos[3], dependiendo de si utilizan su libre criterio para decidir en qué mercados apostar o si los criterios están predefinidos por una suerte de esquema previo.

Por otro lado, está el grupo de gestores macro que utilizan el análisis macroeconómico junto con el análisis técnico y/o el estudio del sentimiento de los diferentes actores del mercado. Por último, hay gestores macro puramente técnicos que sólo incluyen el análisis macroeconómico de forma marginal dentro de su proceso de toma de decisiones o que, excluyéndolo por completo, los instrumentos en los que operan están referenciados a temas generales, como puede serlo un *contrato de futuro* sobre un índice bursátil o sobre los tipos de interés.

---

3. Nota: Ray Dalio es el mayor ejemplo de gestor macro fundamental sistemático. Altamente recomendable la lectura del capítulo 2 de "Hedge Fund Market Wizards" de Jack D. Schwager http://goo.gl/1BCSOg

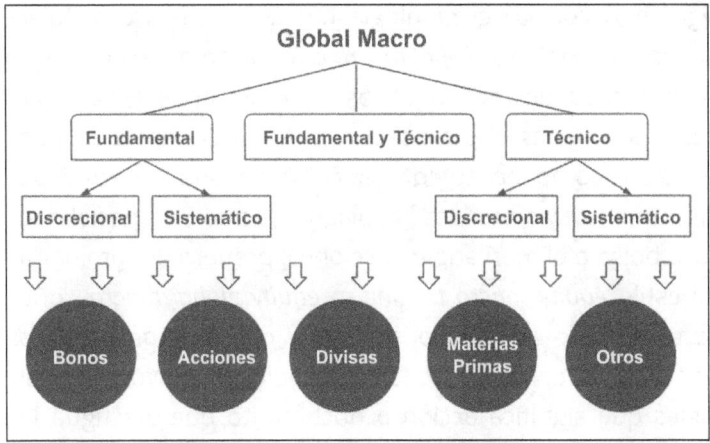

Si multiplicamos estas opciones por el número de mercados existentes, las diversas estrategias posibles y los diferentes plazos en los que el gestor macro puede estructurar las operaciones, el resultado es una categoría y subgrupos de inversión difícilmente definibles, a diferencia de lo que ocurre cuando hablamos de análisis fundamental, *análisis técnico, inversión en valor* o *seguimiento de tendencias*.

El estilo *global macro* es conocido principalmente porque sus practicantes suelen tomar posiciones direccionales en el mercado, pero nada impide a un operador de este estilo apostar por un diferencial entre dos mercados relacionados. Así, un operador macro podrá realizar una apuesta direccional bajista en el mercado bursátil japonés, o puede apostar a que la bolsa japonesa bajará menos que la europea y por tanto tomará posiciones alcistas en Japón y bajistas en Europa. Piensa que las dos bajarán, pero que una descenderá más que la otra.

Siguiendo con la terminología básica, es preciso señalar que la terminología *global macro* o *trading macro* puede ser acompañada de más adjetivos si se pretende especificar aún más cuál es el campo de actuación del operador. En mi caso, como no suelo especular en una variedad de instrumentos y mercados financieros ya que mi especialidad es la bolsa o el mercado de acciones, prefiero denominar a mi estilo *equity macro trading* -o *equity global macro*-, que castellanizado sería algo así como *operador de acciones con un enfoque macroeconómico*. *Equity* es un vocablo del inglés que significa acción o documento que atestigua la propiedad alícuota de una sociedad mercantil por parte de un inversor. Así, el término *equity global macro* simplemente significa que un operador es *global macro* y que su rango operativo se limita al mercado de acciones.

Equity global macro es el estilo del que trata este libro. Como hemos visto, no significa que todos los operadores que se pueden categorizar bajo esta etiqueta hagan exactamente lo mismo, sino que es una categoría general que abarca a operadores que actúan en el mercado de acciones siguiendo algunos principios macroeconómicos, pero cuyas estrategias y tácticas probablemente nada tengan que ver entre sí.

En los siguientes capítulos vamos a adentrarnos en una versión del *equity global* macro que solo invierte o especula en índices de acciones de países desarrollados. Esto es, hablaremos de cómo analizar y especular, al alza o a la baja, en índices como el norteamericano S&P 500, el europeo Eurostoxx 50 y el español Ibex 35 desde una perspectiva macroeconómica, ayudados de herramientas propias del análisis técnico o del sentimiento inversor.

Una pregunta natural que puede haberles surgido a muchos lectores en este punto, es si este libro puede ser de valor para quienes sólo están interesados en el análisis técnico o en el análisis fundamental de compañías individuales o en el análisis de los diferentes sectores en los que se encuadran las compañías cotizadas. Y mi respuesta es un rotundo sí. Estudiando cuál es el comportamiento histórico del conjunto de la bolsa con respecto a la economía, podremos determinar con elevada precisión cuándo se producen los grandes puntos de inflexión entre una tendencia primaria bajista y una tendencia primaria alcista. Si un operador puede saber con relativa sencillez cuándo se produce el gran punto de inflexión entre esas dos tendencias, ¿no es esa una información de valor?

Un operador fundamental puede sacar provecho de esta información porque, precisamente, ese gran punto de inflexión entre tendencias primarias es el momento óptimo para invertir en bolsa. Y un operador técnico puede extraer valor de esa información ya que conocer si la marea sube o baja es de vital importancia para saber donde están las probabilidades ganadoras en el corto y medio plazo.

En las siguientes páginas vamos a ver un modelo económico-bursátil en el que podemos confiar porque la historia lo respalda y porque está basado en sólidos principios lógicos y económicos.

II
La Economía y la Bolsa

"

Olvidamos los hechos, los eventos, las causas, los resultados y hasta lo que sentimos. Y como olvidamos tendemos a estar excesivamente centrados en el aquí y en el ahora y en el pasado inmediato. Tendemos a pensar que lo que vemos en el presente es nuevo, diferente y con especial significado cuando, casi siempre, no son más que cosas que ya ocurrieron en el pasado.

Ken Fisher

"

4 El ciclo económico y la bolsa

Los ciclos económicos existen. Las economías pasan por fases de expansión o crecimiento y por fases de recesión o contracción. A partir de este hecho objetivo, las diferentes escuelas económicas divergen a la hora de intentar explicar las causas de los ciclos económicos y en cómo evitar o, al menos, atemperar las recesiones para que sean menos severas para los habitantes de un país. Muchos economistas en diferentes momentos de la historia han proclamado el fin de los ciclos económicos - o al menos de las recesiones intensas y duraderas- para ver cómo el destino les tenía guardado, con una mueca de ironía, la llegada de duras recesiones al poco de lanzar sus previsiones[1].

El estudio del ciclo económico y los argumentos de las diferentes escuelas para explicar sus causas es un campo fascinante que puede ocupar la mente del ser curioso durante décadas. Al ser éste una suerte de manual de especulación bursátil en el que se relaciona la economía con la bolsa para estructurar operaciones provechosas o rentables, es legítimo que surja la pregunta de si es necesario un profundo conocimiento de todas estas teorías sostenidas por las diferentes escuelas: la respuesta es no. Igual que no es necesario saber cómo funciona la economía según la escuela keynesiana para participar con éxito en un mercado de naranjas, tampoco es necesario saber cómo funciona la

---

[1]. How did economists get it so wrong, Paul Krugman http://www.nytimes.com/2009/09/06/magazine/06Economic-t.html?pagewanted=all&_r=0

economía según la escuela austriaca para participar con éxito en el mercado bursátil. Los modelos económicos que intentan explicar la economía son demasiado abstractos y, sobre todo, contienen innumerables variables que complican su aplicación práctica en la especulación bursátil, siempre más mundana y necesitada de conclusiones precisas.

En este libro vamos a adoptar una observación humilde, en la que estudiamos cómo se comportaron y comportan una serie de indicadores económicos con respecto a la bolsa para poder extraer conclusiones rentables en favor de nuestra cartera de inversión. No nos centramos en explicar por qué ocurre el ciclo económico, sino en detectar en tiempo real si nos encontramos en una fase de expansión económica, en una fase de recesión o en una fase de cambio, que a la postre es lo que importa para especular con éxito. Lo haremos con indicadores económicos sencillos de interpretar, que en sí mismos contienen una sólida lógica para entender en cada momento como se encuentra la situación de la economía de un país o región. Se trata de analizar el ciclo económico desde un punto de vista empírico y fenomenológico, no entrando en las causas profundas que producen los cambios cíclicos ya que esta es en realidad la tarea de los economistas y, por otro lado, consumiría demasiada energía y tiempo del inversor, al cual siempre le conviene estar más acertado en su análisis de las tendencias macroeconómicas que conocer al detalle el motivo de las mismas.

Las tres fases del ciclo económico-bursátil

Desde el punto de vista bursátil el ciclo económico se puede dividir en tres fases: (1) la expansión económica, (2) la recesión acelerada y (3) la recesión desacelerada que tiene lugar antes de toda nueva expansión.

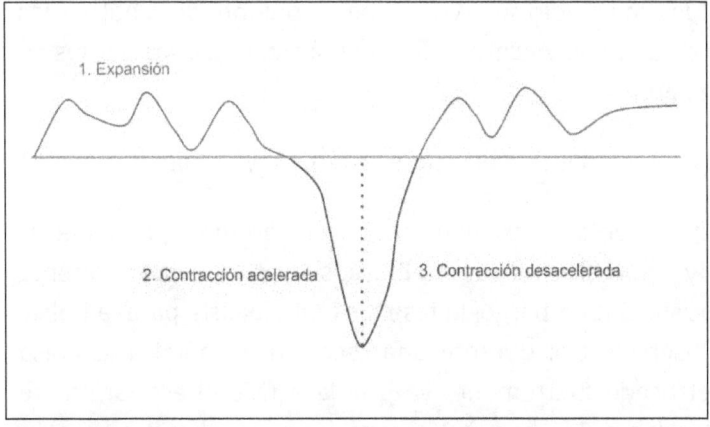

figura 4.1

Sin duda, en vez de ser tan esquemáticos y mencionar tres fases económicas, podríamos hablar de más fases para explicar las diferentes partes que componen estos tres diferentes momentos del ciclo económico. Incluso es natural preguntarse por qué he obviado dividir la fase de expansión económica entre fase de expansión acelerada y fase de expansión desacelerada. La razón es sencilla: la bolsa reacciona o se comporta de forma claramente diferente según nos encontremos en fase de expansión, en fase de contracción acelerada o en fase de contracción desacelerada. Pero no hay diferencias sustanciales entre el comportamiento del conjunto de la bolsa durante las diferentes aceleraciones y desaceleraciones que se producen durante una expansión económica. Desde luego podría ser interesante añadir matices o un mayor número de fases bursátiles si fuésemos a hablar extensivamente de qué sectores y compañías individuales se comportan mejor en las distintas fases del ciclo expansivo, pero no es el caso. Nuestro estudio se circunscribe al conjunto de la bolsa y los índices, no es necesario añadir más fases a las descritas en la figura 4.1.

La relación entre el ciclo económico y la bolsa

Típicamente o casi siempre, encontraremos que las fases 1 y 3 son alcistas para la bolsa, siendo la 3 especialmente alcista. Sin embargo, la fase 2 es muy bajista para la bolsa. Obsérvelo así: durante una recesión económica la bolsa retrocede fuertemente ya que la actividad económica se desploma, los beneficios empresariales disminuyen o se pierden y las perspectivas se vuelven negativas. En algún momento de la contracción económica y por motivos imputables a diversos factores, la recesión sigue su marcha pero empieza a desacelerarse. Sí, la recesión continúa, la actividad económica sigue deteriorándose y el desempleo sigue aumentando, pero este empeoramiento general lo hace a un menor ritmo que en la fase de contracción acelerada.

Cuando el número de personas que se suman a las listas del paro disminuye cada mes, el mercado, que es un mecanismo de descuento de expectativas, empieza a descontar que probablemente se esté saliendo de la recesión y por eso la bolsa sube verticalmente cuando algunos de sus participantes entienden que la recesión está llegando a su fin. Esta fase es la más confusa para los no iniciados, para muchos expertos y para los que no comprenden cómo funcionan los mercados, ya que simplemente no se explican cómo la bolsa puede escalar posiciones mientras las listas del paro siguen aumentando. Finalmente, la fase 1 de expansión económica es alcista para la bolsa por motivos evidentes. En esa fase la economía crece, se crea empleo, los beneficios empresariales aumentan y la confianza se mantiene alta. La figura 4.2 muestra en verde las fases que son alcistas para la bolsa (1 y 3) y en rojo la fase que generalmente es bajista (2).

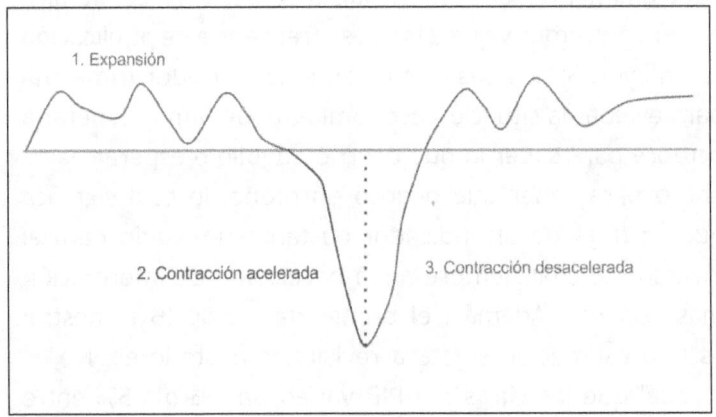

figura 4.2

En este libro encontrará que frecuentemente se habla de tendencia macroeconómica alcista o tendencia macroeconómica bajista, queriendo significar la primera que el ciclo se encuentra en algún momento de las fases 1 y 3 y, la segunda, que se encuentra en la fase 2.

¿Cómo medir las 3 fases del ciclo económico?

Los economistas suelen referirse al producto interior bruto -PIB- para definir si la economía está creciendo o contrayéndose o para indicar si está en una fase de expansión o de recesión. El PIB es una medida macroeconómica que expresa el valor monetario de la producción de bienes y servicios finales de un país. El PIB, aunque no es perfecto, no es incorrecto para saber en qué momento del ciclo económico nos encontramos como muestra la figura 4.3. Quizás la mayor pega que tiene, es que al ser un dato de publicación trimestral y estar sujeto a fuertes revisiones, hace que necesitemos observar otros indicadores que fidedignamente reflejen en qué fase del ciclo económico nos encontramos y que a la vez su frecuencia de publicación sea mayor. Si nos basáramos en este indicador trimestral para evaluar la situación económica, deberíamos esperar a octubre para saber lo que ocurrió en julio o esperar hasta enero para saber que ocurrió en otoño, lo cual significa que se trata de un indicador bastante retrasado para el inversor, el cual siempre anda necesitado de información más reciente. Además, el primer dato del PIB trimestral es una estimación sujeta a revisiones posteriores. No es inusual que las cifras del PIB varíen un 1% o 1,5% entre la primera estimación publicada y la tercera revisión del dato[2]. Afortunadamente para nuestra operativa financiera, contamos con múltiples indicadores económicos que son publicados con una frecuencia mensual o semanal y que se

---

2. *"Dewey defeats Truman": be aware of data revisions* http://research.stlouisfed.org/pageone-economics/pages/newsletter.php?nid=62

muestran altamente útiles para indicarnos en qué fase del ciclo económico nos encontramos en todo momento. Son los indicadores que analizaremos en los siguientes capítulos.

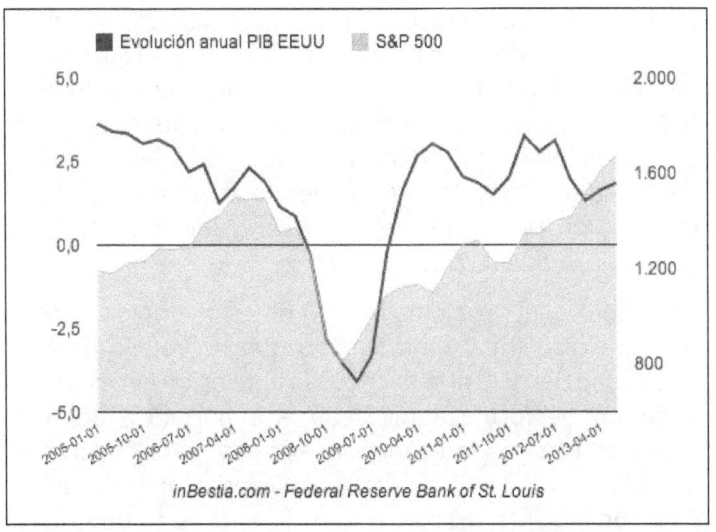

figura 4.3

Observando las series estadísticas del PIB uno puede darse cuenta de que es muy poco sensible al ciclo económico y que no tiene por qué reflejar el verdadero deterioro/mejora de la economía. Ello es resultado de la importancia que el consumo y la inversión tienen en el PIB, donde el primero pondera aproximadamente dos tercios del total y la inversión el tercio restante. El gasto en consumo como agregado ha demostrado ser muy estable a lo largo del tiempo tanto en épocas de expansión como en las recesiones, variando levemente sus tasas de crecimiento. Caso contrario es el de la inversión, que como reflejan las series estadísticas es mucho más volátil, expandiéndose en el boom y contrayéndose dramáticamente y de forma adelantada en la recesión, siguiendo por tanto un patrón claramente cíclico. Esta ponderación de ambos agregados es consecuencia del criterio de eliminación de la doble contabilización del valor, una metodología que excluye todos los consumos intermedios de todos los sectores y que deberían considerarse como inversión. Si no aplicásemos este criterio (obteniendo el Gross Output), la inversión representaría en el agregado más de la mitad o casi dos tercios del total.

En definitiva, el problema del PIB no es que no siga un patrón cíclico (muy tímido), sino que no refleja ni la intensidad del ciclo ni lo hace con la antelación necesaria al sesgar de forma equivocada la importancia de la inversión total en la economía. Por ello, para hacerse una idea de la evolución de la actividad económica es más conveniente usar otro tipo de encuestas que no son afectadas por este sesgo, con la ventaja añadida de que su publicación es mensual frente a la trimestral del PIB.

Enrique García Sáez, Economista

Diferencia entre ciclo económico y bolsa

Aunque hay una relación clara entre el comportamiento bursátil y el ciclo económico, es interesante conocer que la magnitud de la variación de ambas poco tiene que ver. En la figura 4.4 se muestra la variación anual del producto interior bruto de EEUU y la variación anual del índice bursátil S&P 500. ¿Cómo es posible que dos variables que a largo plazo tienden a converger presenten desviaciones[3] tan considerables en el medio plazo?

Las alzas y bajas económicas causan que los beneficios corporativos aumenten o se reduzcan y estos cambios en el negocio de las empresas modifican las expectativas de los inversores lo que hace que las cotizaciones fluctúen. Pero las variaciones del conjunto de la economía son relativamente suaves comparadas con las variaciones de los beneficios empresariales y con las variaciones bursátiles. Mientras que el PIB de un país se puede reducir en un 2% durante una recesión, los beneficios corporativos pueden reducirse un 25% y la bolsa puede contraerse hasta un 50%. La respuesta a la mayor variación de los beneficios empresariales con respecto a la variación del producto interior bruto se encuentra probablemente en el concepto de *apalancamiento operativo*[4], el cual magnifica el impacto de los beneficios y de las pérdidas empresariales. Y a su vez, la mayor variación de las cotizaciones bursátiles con respecto

---

3. *PIB EEUU y Wilshire 5000 base 100 agosto 1970* http://research.stlouisfed.org/fred2/graph/?g=FuL
4. *Apalancamiento Operativo* http://www.expansion.com/diccionario-economico/apalancamiento.html

a la variación de los beneficios corporativos se debe a la psicología de masas y al sentimiento de mercado. Estos dos fenómenos provocan que el efecto de una tendencia económica sea extremo en las cotizaciones bursátiles.

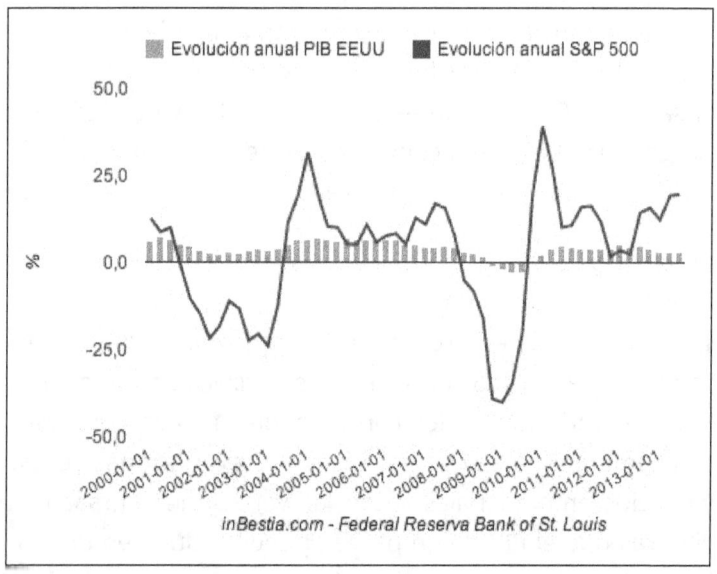

figura 4.4

5 Los indicadores económicos

"...la bolsa atraviesa un período de histeria y sus cambios oscilan en un zigzag incontrolable; abajo, arriba, abajo. Es como un hombre que pasea con su perro por la calle. El hombre sigue su paso de manera continua y regular: esto es la industria. El perro corre, avanza, salta de un lado para otro, regresa donde está su dueño, se adelanta de nuevo y así sucesivamente. Su camino se parece al que siguen las acciones y los valores, con sus mismos movimientos de avance y retroceso. Pero ambos siguen avanzando, el dueño y el perro, y finalmente llegan a la meta de su paseo. Mientras el hombre ha andado un kilómetro, su perro, para hacer el mismo camino, habrá recorrido dos o tres veces esa distancia. Así se mueven los cambios en una Bolsa desordenada. Dan dos pasos adelante y un paso atrás, pero acompañan en su avance a la expansión industrial."

André Kostolany

La bolsa y la economía riman como explica Kostolany[1], pero la una baila con la otra de una manera que en general no es entendida ni por el público ni por amplias capas de inversores profesionales, especialmente aquéllos más alejados del enfoque macro.

Si pretendemos saber dónde se encuentra el ciclo económico en cada momento, necesitamos indicadores económicos.

---

1. Andre Kostolany, *El fabuloso mundo del dinero y la bolsa* http://es.scribd.com/doc/48711396/Andre-Kostolany-EL-FABULOSO-MUNDO-DEL-DINERO-Y-LA-BOLSA

¿Pero cuáles? Principalmente podemos encontrarnos dos tipos de indicadores económicos:

1. Los indicadores económicos *adelantados* o *líderes* y los indicadores económicos *coincidentes*. Son los que reaccionan de forma más temprana a los cambios económicos. Un ejemplo lo tenemos en la figura 5.1, donde puede verse el uso de la capacidad industrial de EEUU -eje derecho, expresado en porcentaje- y la evolución del índice bursátil S&P 500. La lógica económica nos hace entender que cuando la economía va a peor, el uso de la capacidad industrial de un país decae. Y lo contrario es cierto, cuando la economía va a mejor el uso de la capacidad industrial aumenta. Este indicador tan sencillo, respaldado por una fuerte lógica económica, refleja francamente bien la actividad económica presente de un país. Al saber que este indicador es adelantado o, en el peor de los casos, al saber que no es un indicador retrasado, lo podemos observar para saber cómo está marchando la economía en el momento actual y, por tanto, para saber qué es lo más probable que esté ocurriendo en estos momentos en la bolsa. Si el indicador está en fase de expansión, es probable que la bolsa esté ascendiendo. Si el indicador se encuentra en fase de contracción acelerada, es probable que la bolsa esté descendiendo y, si el indicador está en fase de contracción desacelerada, es probable que la bolsa esté subiendo verticalmente.

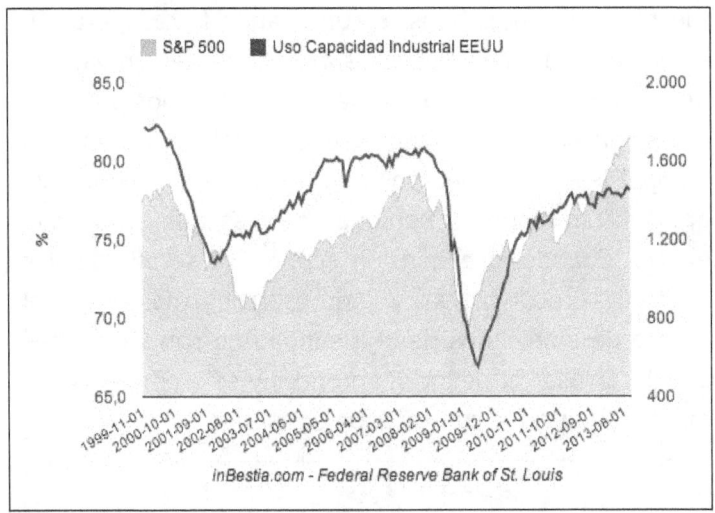

figura 5.1

2. Los indicadores económicos *retrasados*. Son los indicadores económicos que reflejan deterioro económico tiempo después de acabada una recesión o que continúan reflejando bonanza económica después de que la expansión haya alcanzado su clímax. Un ejemplo clásico es la tasa de desempleo. En la figura 5.2 se observa cómo el dato de la tasa de paro hace máximos tiempo después de que la recesión[2] haya acabado -zona sombreada en el gráfico-. Finalmente, cuando la tasa de paro hizo su último máximo cíclico, la bolsa ya se había revalorizado sustancialmente durante un extenso periodo de tiempo. La explicación de por qué la tasa de paro es un indicador retrasado es que durante las primeras fases de la recuperación económica las empresas siguen reajustándose

---

2. En EEUU el National Bureau of Economic Research define los períodos de recesión y expansión económica http://www.nber.org/cycles.html

y despidiendo empleados. Y aún cuando la recuperación se hace evidente, las empresas intentarán desarrollar sus operaciones con el menor número de empleados posibles. Una vez que las compañías aprenden a trabajar con menos personal, les costará tiempo volver a recuperar la confianza para contratar nuevas personas con las que ampliar el negocio. Cuando la expansión económica se afianza, las expectativas económicas y empresariales mejoran y el número de empleados de una entidad no son suficientes para desarrollar el negocio, entonces y sólo entonces, las empresas vuelven a contratar personal.

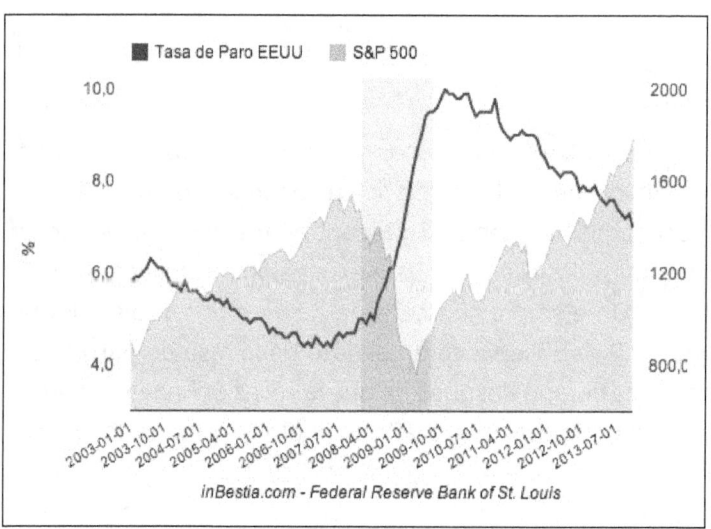

figura 5.2

De todos los indicadores que utilizaremos para describir la situación actual del ciclo económico y de la bolsa, daremos preferencia a los adelantados y a los coincidentes. Luego, hay indicadores retrasados que si los transformamos y analizamos de otra manera, aportan una información de carácter no retrasado y serán útil para nuestras operaciones financieras.

El concepto de indicador adelantado puede llevar a la confusión. Algunos críticos sugieren que un indicador adelantado a la economía no tiene capacidad predictiva sobre la bolsa porque la bolsa en sí misma es un mecanismo de descuento de expectativas y, por ello, también es un indicador adelantado de la economía. ¿Cómo puede ser un indicador adelantado de la economía ser predictivo de otro indicador adelantado de la economía?

La respuesta es que no es necesario hacer uso de los indicadores adelantados para predecir la bolsa, sino que, dado que la bolsa es un mercado altamente volátil, es útil observar indicadores económicos coincidentes con la bolsa que presenten pocas oscilaciones en el corto plazo. Cuando en medio de una recesión un indicador adelantado a la economía -coincidente con la bolsa- pasa de la fase de contracción acelerada a la fase de contracción desacelerada, éste nos aporta una rica información. Es poco común que un indicador adelantado muestre este punto de inflexión entre ambas fases y no se trate de un punto de inflexión verdadero del ciclo económico. Sin embargo, es fácil que la bolsa que tiene múltiples avances y retrocesos en el corto plazo, pueda llevarnos a error en cualquiera de sus giros y hacernos interpretar que el mercado ha formado un suelo definitivo cuando sólo se trata de una oscilación más. Por todo ello, un indicador económico que fidedignamente acompaña el curso de la bolsa es una gran herramienta si es menos volátil que el mercado.

Aunque se arguya que los indicadores económicos no tienen valor predictivo sobre la bolsa, utilizar indicadores coincidentes con la bolsa tiene el mismo valor que posicionar varias cámaras de grabación con diferentes ángulos de perspectiva. Cuando la imagen no se ve correctamente en una, podemos observar que es lo que ha grabado otra cámara.

Otro punto de vital importancia para analizar correctamente un indicador económico, es entender que existe asimetría en el comportamiento de recesiones y expansiones. En casi todos los indicadores económicos pueden extraerse conclusiones diferentes dependiendo de si se encuentran en una fase de contracción acelerada o en una fase de contracción desacelerada, pero no suele ser posible extraer conclusiones diferentes si se encuentra en fase de expansión acelerada o en fase de expansión desacelerada. La razón tiene que ver con la naturaleza de las recesiones y de las expansiones. Las recesiones son eventos drásticos y relativamente rápidos donde la actividad económica se erosiona fuertemente hasta que llega un punto en que el deterioro se frena y finalmente acaba. Mientras que las expansiones son eventos que, de media, tienen una duración temporal cuatro veces mayor que las recesiones y donde se producen continuas aceleraciones y desaceleraciones sin que una desaceleración tenga especial significado, siempre y cuando no pase a terreno negativo. Un ejemplo lo tenemos en la figura 5.3 donde podemos ver la producción industrial y las recesiones de EEUU desde 1990.

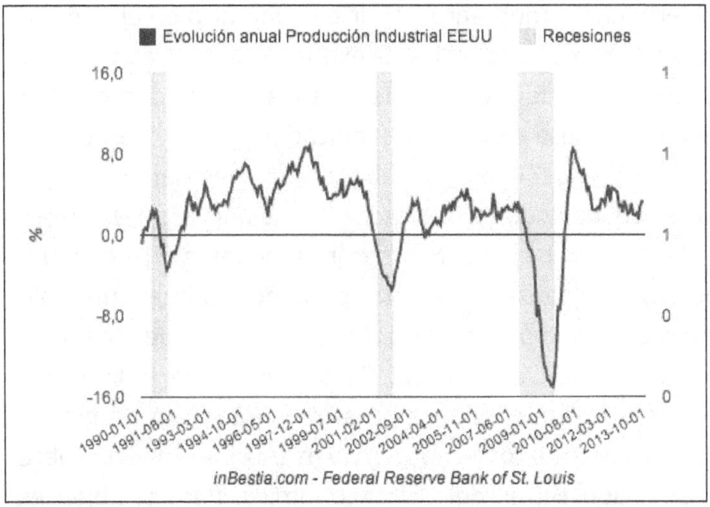

figura 5.3

Generalmente, un giro del indicador desde su fase de contracción acelerada hacia la fase de contracción desacelerada ha indicado que la recesión de la economía norteamericana se encontraba cerca de su fin. Sin embargo, durante la fase expansiva se producen múltiples oscilaciones -aceleraciones y desaceleraciones- en la producción industrial que no tienen mayor significado para la bolsa.

No obstante, esta asimetría se da en muchos indicadores económicos, pero no en todos. Es tarea del operador macro discernir cuándo un indicador económico le puede ser de utilidad según la fase del ciclo en la que se encuentre.

¿Qué datos económicos utilizar? ¿cuántos utilizar?

En cuanto a la cantidad de datos económicos a utilizar para

determinar el momento del ciclo económico en el que nos encontramos, suelo utilizar la expresión *una batería de ellos*, entre 5 y 10 indicadores adelantados o coincidentes. ¿Por qué utilizar esa cantidad de indicadores *de confianza* y no más ni menos? Más no deberían ser necesarios porque tampoco hay tantos indicadores adelantados de interés y de los que hay muchos son redundantes. Y menos no porque, evidentemente, no podemos utilizar un solo indicador económico para hacernos una idea de cuál es la situación económica. De la batería de indicadores adelantados de confianza para el operador, lo normal es que casi todos o todos aporten la misma información sobre la situación actual del ciclo económico. Pero también es probable que durante algunas partes del ciclo, alguno de estos indicadores aporte una información contradictoria con respecto al resto. Hay que tener en cuenta que por alguna razón un mercado, un sector o una parte de la economía, puede encontrarse deprimida o en reconversión mientras la mayor parte de la economía sigue su propio ritmo. Un ejemplo lo encontramos en EEUU con el mercado inmobiliario después de la recesión de 2007-2009. En el momento en el que la recesión norteamericana alcanzó su punto de inflexión y pasó de contracción acelerada a contracción desacelerada en marzo de 2009, la mayoría de indicadores económicos adelantados señalaron la pronta salida de la recesión, pero los indicadores del mercado inmobiliario siguieron deprimidos, ya que ese sector había sufrido una burbuja hasta el año 2006. Después de que un mercado sufra una burbuja y ésta estalle, es de esperar que pase mucho tiempo hasta que se depuren todos sus problemas. Por este motivo, es tan útil contar con un conjunto de indicadores económicos adelantados y entender que la clave se encuentra en que la mayoría ofrezcan la misma conclusión, pero no es necesario, ni muchas veces esperable, que absolutamente todos señalen exactamente lo mismo.

En la figura 5.4 podemos observar el indicador adelantado agregado de la economía estadounidense, es decir, un indicador compuesto de otros indicadores de naturaleza adelantada o coincidente, junto con el dato del número de nuevas casas en construcción. Normalmente, cuando se está entrando en recesión, el número de nuevas casas construidas desciende y, cuando se sale de la recesión, gradualmente se eleva el ritmo de construcción a medida que la economía mejora.

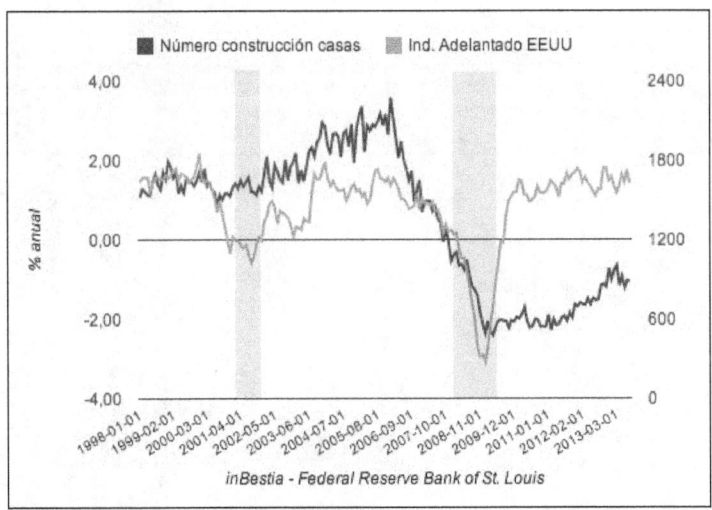

figura 5.4

Sin embargo, cuando se originaba un nuevo ciclo expansivo en marzo de 2009 y la mayoría de indicadores adelantados -representados aquí por el indicador adelantado agregado- comenzaron a mejorar, los indicadores inmobiliarios no acompañaron a lo que indicaba el resto de la economía. Simplemente, a veces un mercado o un sector por una buena razón de lógica económica no acompaña al resto de la economía, pero eso no significa que la economía en su conjunto no haya comenzado un nuevo ciclo.

Ahora hay otra pregunta que contestar: ¿qué indicadores utilizar? Según el libro *The Secrets of Economic Indicators*[3], éste sería el ranking (tabla 5.5) de importancia de los indicadores macroeconómicos estadounidenses y por extensión de los de cualquier país:

---

3. The Secrets of Economic Indicators: hidden clues to future economic trends and investment opportunities, Bernard Baumohl http://goo.gl/NYtfC6

Ranking (según impacto bursátil)	Indicador económico
1	Dato mensual creación empleo
2	Índice ISM Manufacturero
3	Peticiones semanales seguros desempleo
4	Índice de precios al consumo
5	Índice de precios a la producción
6	Ventas minoristas
7	Confianza del consumidor y encuestas sentimiento
8	Pedidos bienes duraderos
9	Producción Industrial
10	PIB

tabla 5.5

Realmente no puede existir una lista estática sobre qué indicadores macroeconómicos son más importantes, ya que el foco del mercado puede variar según las circunstancias de cada tiempo. Sin embargo, se trata de un buen ejemplo y, podemos estar de acuerdo, en que el rey de los indicadores macroeconómicos es el dato de empleo.

La regla de oro al utilizar un indicador económico adelantado para analizar correctamente la tendencia económico-bursátil es que se trate de un indicador económico sencillo de entender, difícil de manipular y que por su propia naturaleza nos indique claramente si la actividad económica de un sector o del conjunto de la economía mejora o empeora.

En los siguientes dos capítulos analizaremos en profundidad los datos de empleo, los indicadores sectoriales, del mercado minorista, del mercado inmobiliario, del sector industrial, los indicadores líderes agregados y las encuestas de confianza. Al contar con esta batería de indicadores que reflejan la actividad en diferentes secciones de la economía, deberíamos estar preparados para emitir un veredicto sobre si el conjunto de la economía crece o decrece y si lo hace de forma acelerada o desacelerada.

Es necesario señalar que hay indicadores que no se mencionan a pesar de su vital importancia para los economistas y muchos operadores financieros. Un ejemplo es el dato de inflación, el cual es importante, especialmente si uno invierte a largo plazo; pero en nuestro caso no tiene mucho sentido si somos operadores de corto y medio plazo, entendido el medio plazo como meses y pocos años. En la figura 5.6 se muestra la inflación anual estadounidense junto con el indicador agregado líder de la economía de EEUU, donde se evidencia que la inflación sigue escalando posiciones cuando la economía ya ha empezado a enfriarse después de alcanzado su clímax cíclico y que sólo rebota bastante tiempo después del momento de mayor contracción económica. Y eso, en términos especulativos de corto y medio plazo, significa que es un indicador retrasado y de relativo valor.

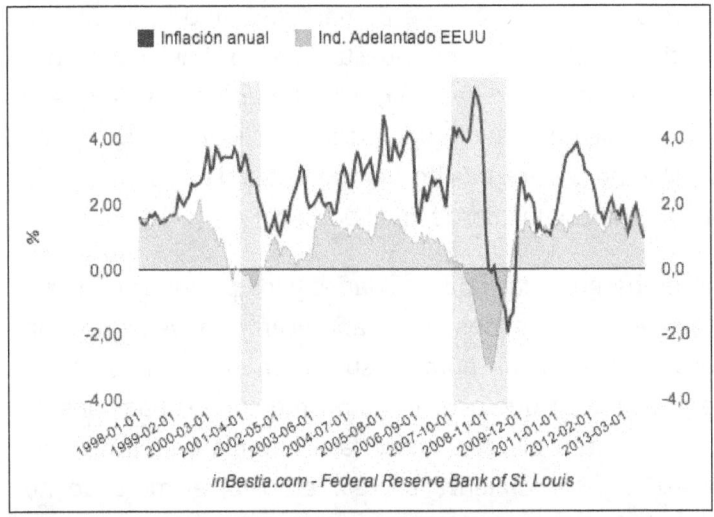

figura 5.6

La ineficiencia del mercado a largo plazo

Una pregunta interesante a responder es cómo es posible que la bolsa se comporte de una manera medianamente previsible con respecto al ciclo económico y que estas oportunidades de inversión persistan en el tiempo. Al fin y al cabo las bolsas son relativamente eficientes[4] y cuando aparece una ventaja aprovechable que es conocida por los operadores, esa ventaja se esfuma rápidamente. Imaginemos que existe un patrón persistente en el que la cotización del índice Ibex 35 sube todos los martes un 2%. Lo que ocurriría es que a medida que los operadores reconociesen este fenómeno, apostarían en el cierre del

---

4. Nota: los mercados son altamente eficientes la mayor parte del tiempo, pero de vez en cuando la irracionalidad general, al alza o a la baja, toma el control de las cotizaciones.

lunes a que la bolsa sube el martes. Cuando un número suficiente de operadores apuesta durante el cierre del lunes por este patrón, no pasará mucho tiempo antes de que el patrón deje de existir. Igual que si un billete de 50 € cae en la calle, no pasará mucho tiempo antes de que alguien lo encuentre y se lo guarde en el bolsillo.

Sin embargo, si las oportunidades y los patrones de corto plazo están llamados a desaparecer una vez que son reconocidas por un número suficiente de operadores, no se puede decir que ocurrirá lo mismo con los patrones de medio y largo plazo. Cuando la economía deja atrás una recesión y se comienza a crear empleo, el mercado no sube de forma vertical de manera inmediata, sino que sube mediante múltiples oscilaciones a lo largo de un prolongado periodo de tiempo. ¿Cómo es posible que a pesar de que casi siempre ha subido la bolsa después de una recesión los operadores que apuestan por el lado alcista puedan conseguir beneficiarse de nuevo?

La respuesta se encuentra en que la gran mayoría de operadores tiene puesto su foco de atención en la detección de oportunidades de corto y corto-medio plazo -desde minutos hasta pocos meses- y en general, incluso si mantienen un enfoque de medio y largo plazo, son víctimas de innumerables sesgos psicológicos. Los inversores olvidan que en un sistema capitalista, tras cada recesión siempre llega la recuperación. Olvidan porque el miedo, la volatilidad de los mercados y la psicología de masas los arrastran a olvidar. Los inversores olvidan que tras cada burbuja llegará un tiempo en el que habrá que purgar los excesos. Olvidan porque la euforia, la avaricia y la psicología de masas[5] los arrastran a olvidar. El público -profesionales y amateurs- olvida la historia, los hechos, las causas, los resultados y los sentimientos. Tendemos a pensar que la última recesión fue la peor o que la última tecnología es la mejor y que un nuevo paradigma económico se encuentra a la vuelta de la esquina. La historia se repite y los mercados funcionan exactamente igual que hace miles de años en Babilonia porque la gente olvida.

---

5. *Nota: para entender en toda su dimensión lo desnudos que nos encontramos como individuos ante la psicología de masas, es altamente recomendable ver el documental francés "El juego de la muerte" basado en el célebre experimento de Stanley Milgram "Obediencia a la autoridad"* http://www.youtube.com/watch?v=64cuhc3vx5A

6 Los indicadores de empleo

"Históricamente lo que le ha importado a los mercados, no es si el crecimiento es de buena o de mala calidad, sino si está mejorando o empeorando"
Colm O´Shea[1]

La bolsa y la economía riman como explica Kostolany, pero la una baila con la otra de una manera que en general no es entendida ni por el público ni por amplias capas de inversores profesionales, especialmente aquéllos más alejados del enfoque macro.

Sin ningún género de dudas, el rey de los indicadores económicos es el dato de empleo. Es evidente por qué es un dato tan importante y, además, históricamente los mercados en el corto-medio plazo se han mostrado muy reactivos a la situación del mercado laboral.

El dato de empleo de EEUU es el de mayor importancia bursátil ya que aquel país es la locomotora económica del mundo y, si hay destrucción continuada de empleo allí, lo probable es ver caídas bursátiles en casi todas las bolsas del globo. En este capítulo vamos a analizar varios indicadores de empleo de Estados Unidos, Europa y España.

Generalmente el desempleo sigue aumentando tiempo después de que las recesiones finalicen, tal y como vemos

---

1. *Entrevista a Colm O´Shea* http://goo.gl/2GIoiU

representado en la figura 6.1, donde la tasa de paro o el porcentaje de población activa que no tiene empleo a pesar de buscarlo, marca su punto máximo meses o incluso años después del fin de las recesiones.

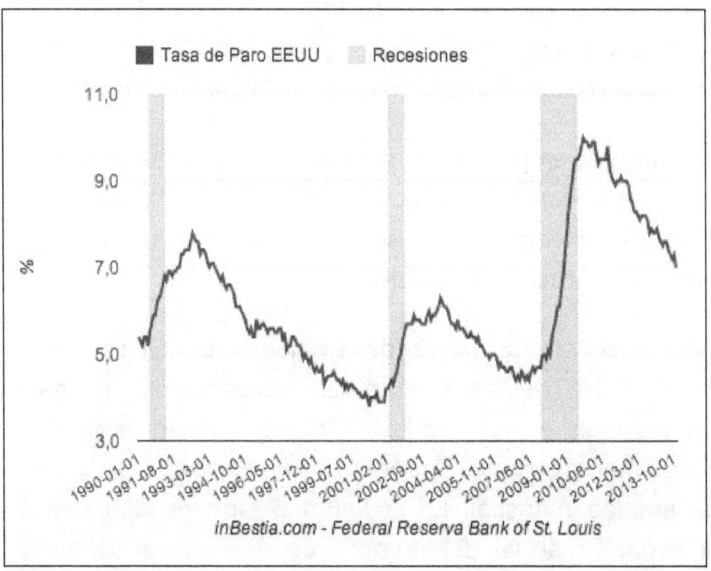

figura 6.1

La causa es que las empresas mantienen la inercia en la reducción de costes laborales mucho tiempo después de que la recesión llegue a su fin, tendencia que sólo se revierte cuando el panorama económico vuelve a percibirse *despejado* y los gestores empresariales ganan mayor confianza o cuando la actividad mercantil de la entidad no puede seguir desarrollándose sin contratar a más personal. Lógicamente, este cambio de tendencia no se produce de un día para el otro.

Por esta razón, el dato de la tasa de paro por sí solo no es una información especialmente relevante para la bolsa. El mercado de acciones no forma un suelo cíclico cuando la tasa de paro marca su punto máximo. Las bolsas suelen hacer suelo mucho tiempo antes: cuando el mercado percibe que la destrucción de empleo se enfría o desacelera, indicando que el fin de la recesión se encuentra cerca.

Los datos de empleo debemos analizarlos de alguna manera en la que podamos reconocer rápidamente si se encuentran en fase de expansión, en fase de contracción acelerada o en fase de contracción desacelerada.

Para observar los datos de empleo y poder captar la información de esta manera, necesitamos, o bien transformar el dato calculando su variación anual o simplemente observar la tendencia de creación o destrucción de empleo mensual. En la figura 6.2 puede observarse la variación anual del número de desempleados en la Eurozona. Cuando asciende por encima de 0 significa que la destrucción de empleo se acelera y la recesión económica está yendo a peor. En algún momento de toda recesión se produce el punto de inflexión donde se pasa de destrucción acelerada de empleo a destrucción desacelerada de empleo. Ese es el punto de inflexión en el que también las bolsas, de una forma bastante aproximada, suelen formar el último mínimo de un mercado bajista y pasan a escalar posiciones formando la nueva tendencia alcista primaria. Cuando se producen estos puntos de inflexión en los indicadores de empleo, muchos observadores tienden a opinar que el punto de inflexión no tiene ningún significado económico y que sólo se trata de un cambio producido porque el desempleo ha llegado al límite máximo estructural. Pero a efectos especulativos, es completamente indiferente si la causa última del cambio de tendencia se debe a un mercado laboral exhausto o a algún tipo de política fiscal o monetaria llevada a cabo por el gobierno o banco central de turno. A la bolsa *le da igual* la *ultima ratio* del hecho, lo que le importa es el hecho, si la destrucción de empleo se acelera o si se desacelera.

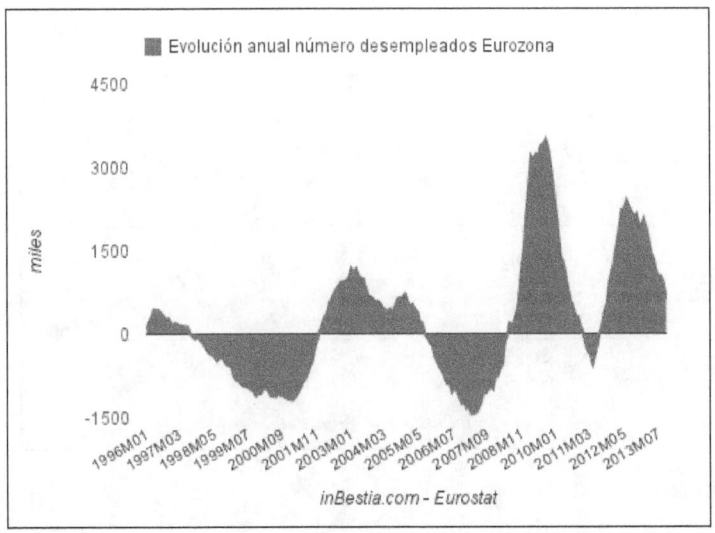

figura 6.2

Otra forma de transformar un dato de empleo retrasado en una herramienta útil es observando su variación anual porcentual en vez de su simple variación anual numérica. En la figura 6.3 se muestra la variación porcentual anual de la tasa de paro, la cual en sí misma es un dato expresado en porcentaje. Donde antes había un indicador retrasado que hacía máximos tiempo después de que finalizara la recesión, ahora tenemos un potente indicador que sirve tanto para detectar el punto de inflexión entre la contracción acelerada y la contracción desacelerada en medio de una recesión, como para detectar cuando la fase expansiva de la economía ha hecho techo.

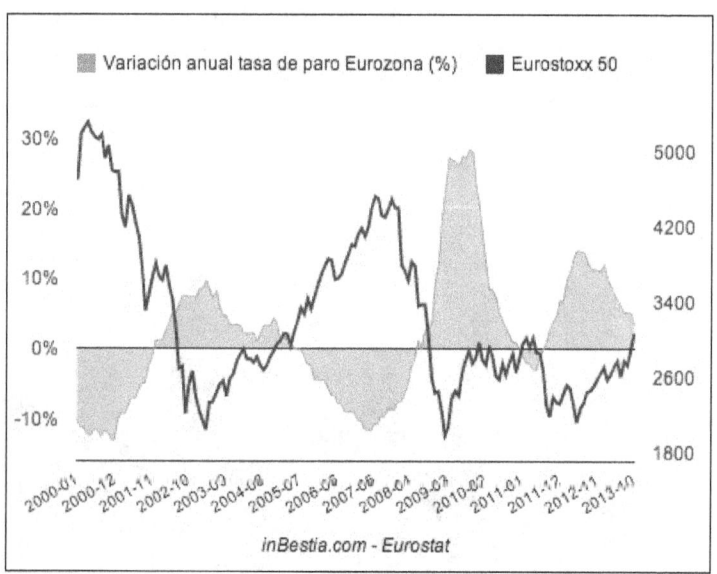

figura 6.3

Aparte de observar las variaciones anuales de los datos de empleo, también es útil en muchos casos, simplemente reflejar la variación mensual del dato laboral. En la figura 6.4 se representa la evolución mensual de la creación o destrucción de empleo según ADP[2]. Es obvio que este dato,

---

2. *Automatic Data Processing* http://en.wikipedia.org/wiki/Automatic_Data_Processing

visto así, también nos permite captar a simple vista si la tendencia de creación del empleo se acelera o desacelera.

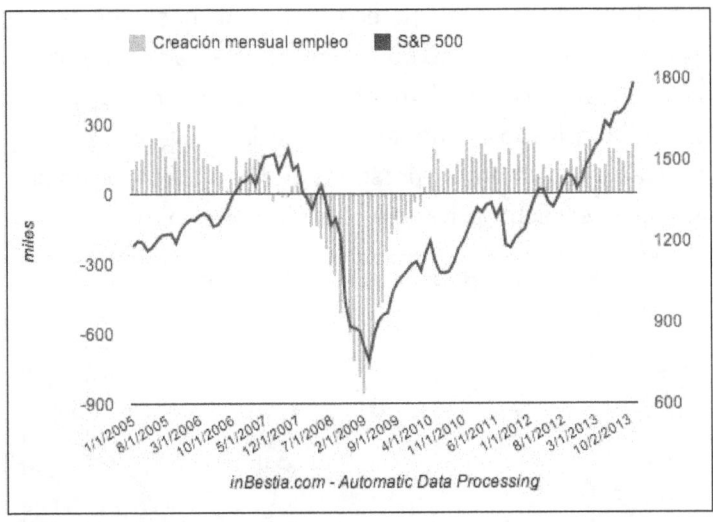

figura 6.4

Indicadores de empleo de EEUU

Estudiar la situación del empleo en EEUU es de suma importancia porque la influencia de la economía y bolsas norteamericana es máxima.

1. **Automatic Data Processing (ADP) Employment Change:**

Es un dato de empleo del sector privado que gestionaba y publicaba la entidad Macroeconomic Advisers[3] y que en la actualidad patrocina y gestiona Automatic Data Processing. Para todos aquéllos que creen que los datos públicos están manipulados, hay una mala noticia: los datos ofrecidos por

---

3. *Macroeconomic Advisers* http://www.macroadvisers.com

esta entidad son muy parecidos a los que publica la propia administración norteamericana[4]. La metodología[5] utilizada para obtener este registro económico se basa en datos obtenidos de unas 500.000 empresas estadounidenses que emplean aproximadamente al 20% de los trabajadores del sector privado de aquel país. En la figura 6.5 puede observarse el número de personas que han contado con un empleo en el sector privado en los últimos años.

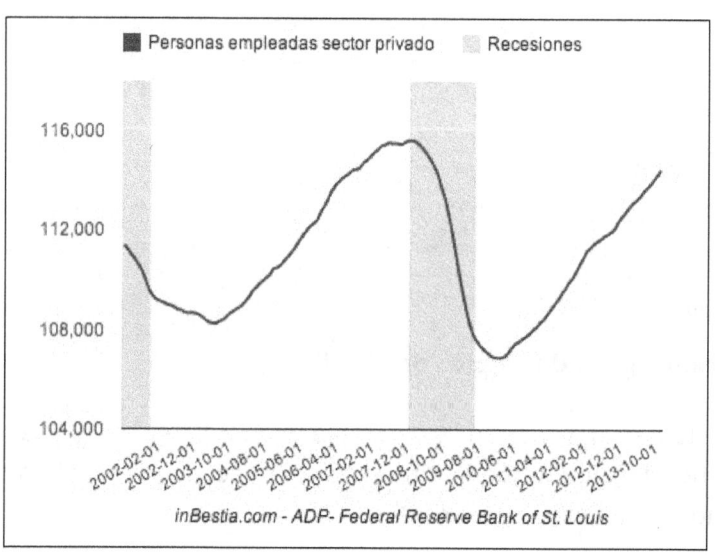

figura 6.5

Si observamos el dato así, por el número absoluto de personas ocupadas, de poco nos sirve para analizar

---

4. Comparación datos de empleo ofrecidos por la administración norteamericana y por Automatic Data Processing http://research.stlouisfed.org/fred2/graph/?g=q61
5. Metodología ADP Employment Report http://www.adpemploymentreport.com/docs/adp-ner-methodology-full-detail.pdf

correctamente en qué fase del ciclo económico-bursátil nos encontramos. La razón es que se trata de un indicador retrasado y los máximos y mínimos siempre se producen tiempo después de que la expansión económica alcance su cénit y de que la recesión alcance su punto de mayor virulencia.

Por este motivo, es muy común representarlo por su variación mensual (figura 6.6[6]), ya que, con poca volatilidad, refleja fidedignamente la tendencia del mercado laboral en el país norteamericano.

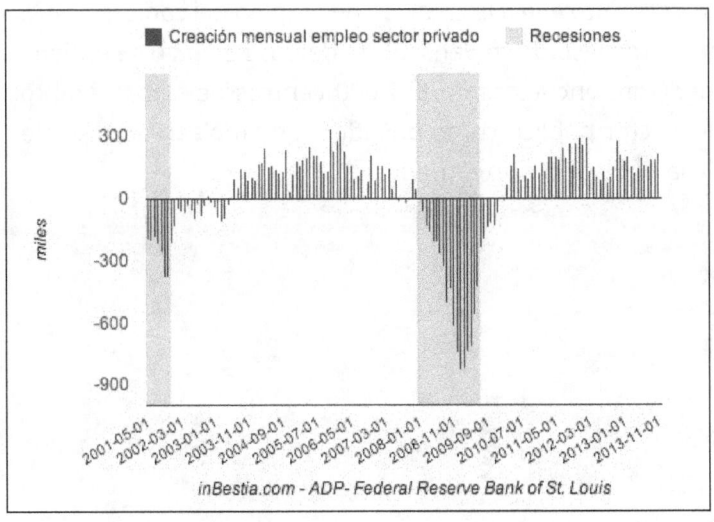

figura 6.6

---

6. Fuente creación de empleo mensual ADP Employment Report http://research.stlouisfed.org/fred2/graph/?g=q65

2. Nonfarm Payrolls

Todos los meses, al día siguiente de la publicación del dato ofrecido por ADP, se publica este dato oficial de empleo, el llamado *nonfarm payrolls*, que también nos viene a decir el número de personas que se sumaron o restaron del conjunto de población ocupada durante el mes anterior. La diferencia principal es que se trata de un dato oficial y que, aparte de analizar la tendencia laboral del sector privado, también nos muestra la situación laboral del sector público. En la figura 6.7[7] se muestra el llamado total *nonfarm payrolls* que refleja la creación de empleo del conjunto de la economía estadounidense. Este dato de empleo se obtiene mediante encuestas en 557.000 centros de trabajo[8] tanto del sector público como privado, que emplean a un tercio de la población norteamericana.

---

7. *Fuente creación de empleo mensual U.S. Department of Labor: Bureau of Labor Statistics* http://research.stlouisfed.org/fred2/graph/?g=q6c
8. *Metodología Total nonfarm payrolls* http://www.bls.gov/web/empsit/ces_cps_trends.pdf

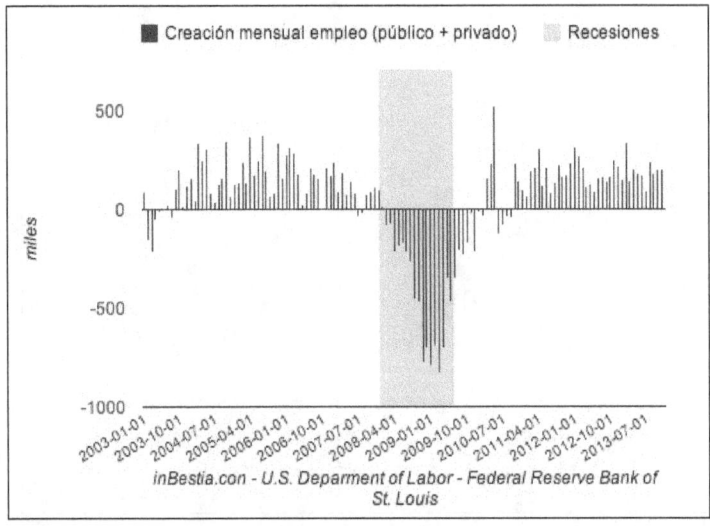

figura 6.7

3. Tasa de Paro

El mismo día que se publica el oficial dato de empleo *nonfarm payrolls*, se publica la tasa de paro o el porcentaje de la población activa que se encuentra desempleada y que se extrae de una fuente completamente diferente.

El dato *nonfarm payrolls* es una encuesta -*establishment survey*- que realiza la administración norteamericana en los centros de trabajo. Pero el dato de la tasa de paro tiene su origen en otra encuesta diferente realizada a 60.000 hogares -*household survey*[9]- estadounidenses (figura 6.8[10]).

---

9. *Metodología Tasa de paro (household survey)* http://www.bls.gov/web/empsit/ces_cps_trends.pdf
10. *Fuente tasa de paro EEUU (household survey)* http://research.stlouisfed.org/fred2/graph/?g=q6k

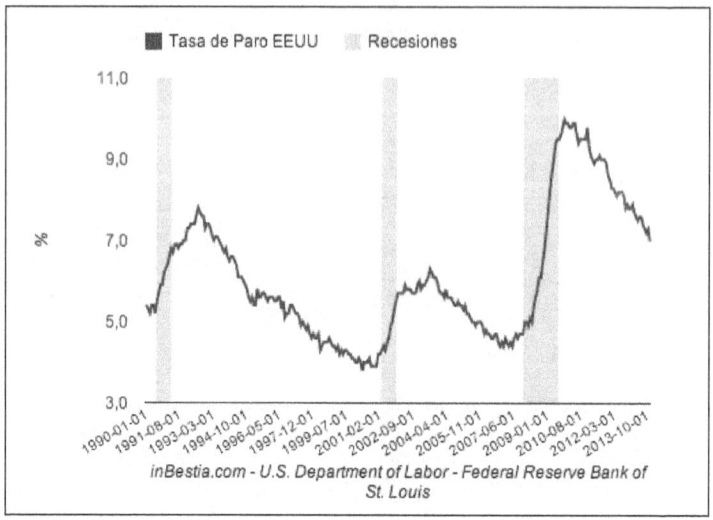

figura 6.8

Es frecuente que muchos inversores se sientan confundidos cuando el dato de creación de empleo mensual y la tasa de paro aparentan divergir en el mismo mes[11], como cuando la tasa de paro aumenta según la *household survey* y, sin embargo, la *establishment survey* muestra una creación de 200.000 puestos de trabajo. La razón se encuentra en que son dos datos diferentes que además se obtienen a través de diferentes tamaños muestrales. El cálculo de la tasa de paro obtenida a través de la *household survey* está afectado por movimientos entre los conjuntos de personas activas empleadas, activas desempleadas, inactivas por razones de edad o salud e inactivas porque han dejado de buscar empleo. Y además el tamaño de la muestra de

---

11. *Explicación de por qué se puede crear empleo a la vez que sube la tasa de paro* http://inbestia.com/blogs/post/explicacion-de-por-que-se-puede-crear-empleo-a-la-vez-que-sube-la-tasa-de-paro

esta encuesta -60.000 hogares-, es considerablemente menor que el tamaño muestral de la encuesta *establishment survey* -557.000 centros de trabajo-, lo que asegura un mayor margen de error de los datos en el corto plazo. La *establishment survey* también está afectada por los cambios demográficos, pero al reflejar sólo las variaciones del conjunto de población activa empleada, se muestra menos volátil en sus resultados como refleja la figura 6.9.

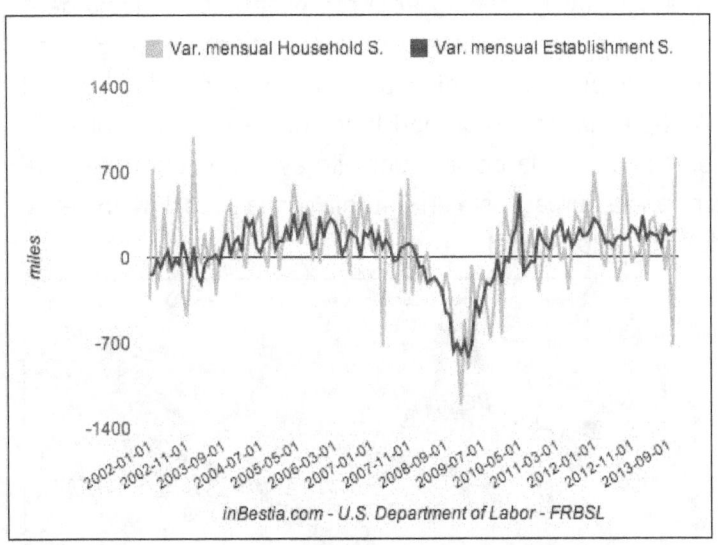

figura 6.9

4. Initial Claims

Initial claims en castellano puede traducirse como *peticiones semanales del seguro de desempleo* que recibe el Departamento de Trabajo o, dicho de otro modo, el número de personas que semanalmente piden el *paro* en los Estados Unidos. Usualmente, este dato podemos encontrarlo publicado o representado de dos maneras: el dato semanal estacionalmente ajustado y la media de 4 semanas del dato estacionalmente ajustado. Si se pregunta el porqué de una media de 4 semanas y no 8, la respuesta es que se trata de una simple convención observar el dato así, cuyo último objetivo es suavizar los cambios que sufre este indicador macroeconómico de una semana para la otra.

En la figura 6.10[12] se observa representada la media de 4 semanas de las peticiones de los seguros de desempleo -invertido por motivos didácticos- junto con el índice bursátil S&P 500. El número de peticiones de paro es un indicador coincidente de la bolsa y por ello ayuda a confirmar si la tendencia bursátil está en sintonía con la situación presente del mercado laboral.

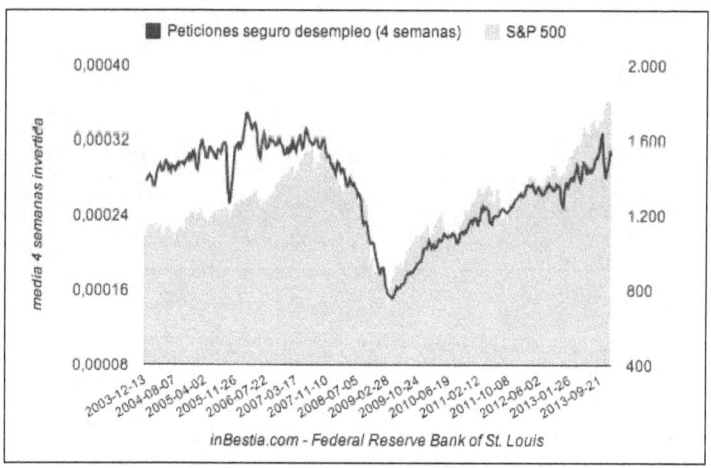

figura 6.10

---

12. Fuente "initial claims" media de 4 semana (invertida) y S&P 500
http://research.stlouisfed.org/fred2/graph/?g=q8E

En la figura 6.11[13] se muestra la evolución de la media de 4 semanas de las peticiones de paro durante las últimas décadas, esta vez sin invertir el dato y mostrando las diferentes recesiones habidas.

figura 6.11

Es una característica clásica y lógica de una recesión económica que se destruyan puestos de trabajo y que las personas se registren en los servicios estatales de empleo y reciban seguros de compensación. Cuando el número de personas solicitando estos seguros aumenta semana tras semana, nos encontramos en la fase de *contracción acelerada*. Esta contracción acelerada alcanza su máxima virulencia en algún punto durante la recesión y acto seguido el indicador económico entra en la nueva fase de

---

13. Fuente "initial claims" media 4 semanas sin invertir http://research.stlouisfed.org/fred2/graph/?g=q8G

contracción desacelerada. En esta fase muchas personas continúan solicitando los seguros de desempleo, pero el número de solicitudes disminuye paulatinamente a medida que transcurren las semanas. ¿Por qué ocurre este cambio? No es necesario entender si este cambio se ha producido por haberse alcanzando algún límite estructural o por alguna política laboral, fiscal o monetaria exitosa. Lo importante es reconocer que se ha producido un cambio, un punto de inflexión en medio de la recesión que además históricamente ha coincidido con casi todos los suelos cíclicos del mercado bursátil como refleja la figura 6.12.

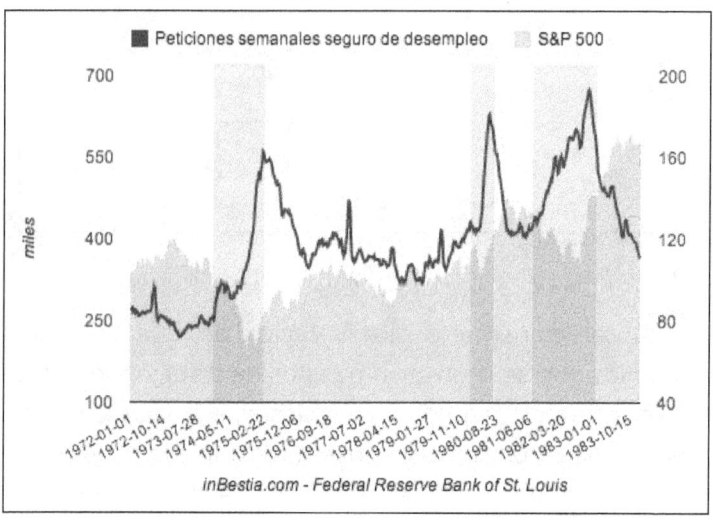

figura 6.12

5. Employment Trend Index

El Employment Trend Index es un indicador agregado del mercado laboral estadounidense obtenido[14] a partir de ocho datos económicos laborales o estrechamente relacionados con el empleo. Lo creó y mantiene The Conference Board[15], entidad que se precia de tener un indicador cuyos puntos cíclicos de inflexión se producen varios meses antes de que lo haga el dato del total de número de personas trabajando en aquel país. La figura 6.13[16] muestra el índice Employment Trend Index junto al número absoluto de personas trabajando según el dato oficial *total nonfarm payroll*.

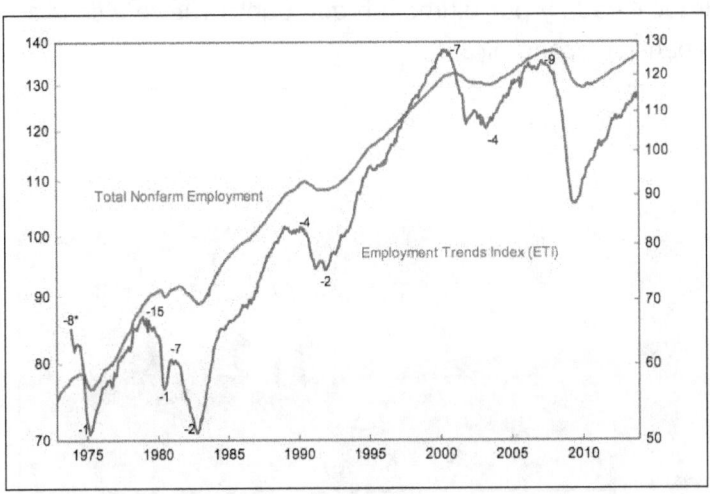

figura 6.13

No obstante, ya vimos al comienzo de este capítulo que hay indicadores retrasados de empleo como el número absoluto de personas empleadas, que si son transformados

---

14. Metodología Employment Trend Index http://www.conference-board.org/pdf_free/press/TechnicalPDF_5025_1386334797.pdf
15. The Conference Board http://www.investopedia.com/terms/c/conferenceboard.asp
16. Fuente Employment Trend Index, The Conference Board http://www.conference-board.org/data/eti.cfm

u observados de una forma alternativa pueden convertirse en una información útil. Otra forma de observar el Employment Trend Index es por su evolución anual como representa la figura 6.14. Tal vez sea preferible ya que nos permite entender con mayor facilidad cuándo se entra en contracción acelerada, en qué momento se produce el punto de inflexión, cuándo se pasa a la fase de contracción desacelerada y por último, en qué punto vuelve a señalar expansión económica.

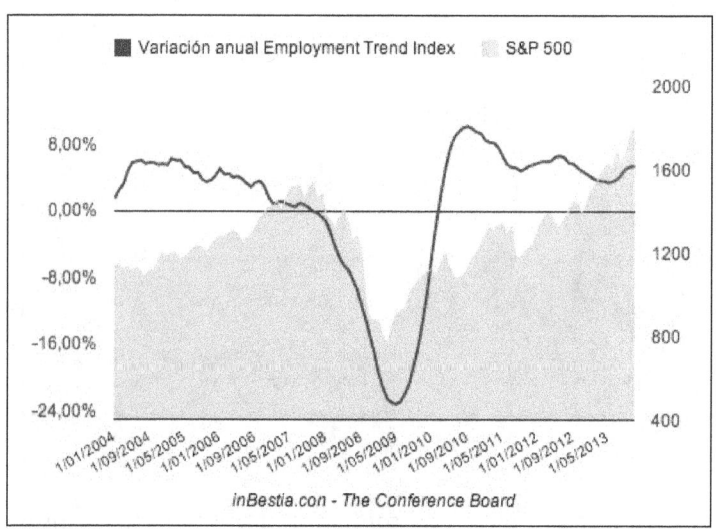

figura 6.14

6. Help Wanted Online:

Otro interesante indicador elaborado por The Conference Board es el llamado *Help Wanted Online*[17] -en castellano

---

17. Fuente *Help Wanted Online, The Conference Board* http://www.conference-board.org/data/helpwantedonline.cfm

ofertas *online* de empleo- y que como su nombre indica es un recuento del número de anuncios visibles en internet ofreciendo puestos de trabajo. Históricamente The Conference Board publicaba un índice laboral basado en los anuncios de empleo visibles en diferentes formatos de papel; pero dado los tiempos en los que vivimos, aquel índice dejó de actualizarse en 2008. En el actual método adaptado a la era digital, The Conference Board observa unos 16.000 portales *online* donde las empresas ofrecen puestos de trabajo.

Es un índice de interés por la rapidez con la que se recolectan los datos y porque ofrece otro enfoque diferente y complementario de los que hemos visto con anterioridad. El lado negativo de este indicador económico es su corta trayectoria ya que fue creado en el año 2005.

El la figura 6.15 puede observarse el número de personas empleadas en los Estados Unidos -*total nonfarm payrolls*- y el número de anuncios *online* ofreciendo puestos de trabajo publicados por las empresas.

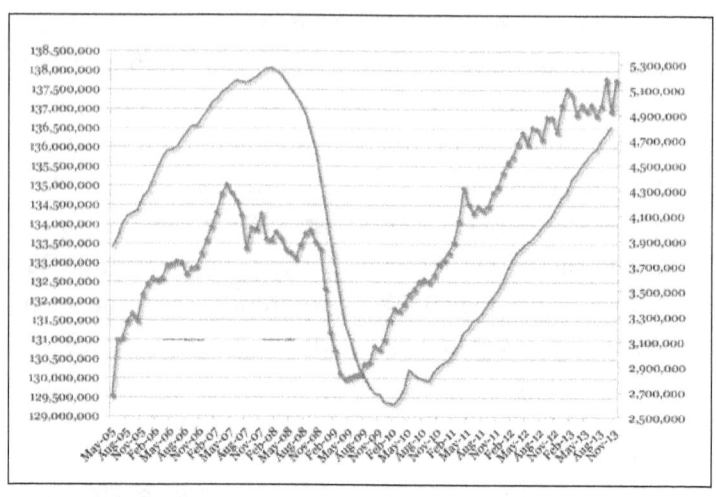

figura 6.15

Indicadores de empleo Eurozona

Los datos estadísticos de la Eurozona son recogidos por Eurostat[18], la agencia estadística de la Comisión Europea. Para la mayor parte de estudios estadísticos, esta agencia supranacional se basa en los datos recogidos por las diferentes agencias estadísticas de cada país europeo. Probablemente por esta razón, los datos de empleo europeos sufren fuertes revisiones, siendo frecuente que las segundas o terceras revisiones de un dato de empleo muestren variaciones de hasta 250.000 personas en situación de desempleo; lo que supone un margen de error mayor que los datos oficiales publicados en Estados Unidos. Esta característica volátil de los datos de empleo

---

18. *Eurostat* http://epp.eurostat.ec.europa.eu/portal/page/portal/eurostat/home

europeos nos obliga a tratar con cautela todo nuevo dato publicado por Eurostat, ya sea si hablamos de la tasa de paro, del número de personas en el paro o de la creación o destrucción mensual de empleo.

Afortunadamente, todo este ruido de corto plazo provocado por las fuertes revisiones estadísticas, se puede filtrar de forma sencilla transformando los datos y observándolos por su evolución anual, ya sea que hablemos de la evolución anual de la tasa de paro como se presenta en la figura 6.16[19] o de la evolución anual de la creación o destrucción de empleo como se muestra en la figura 6.17[20].

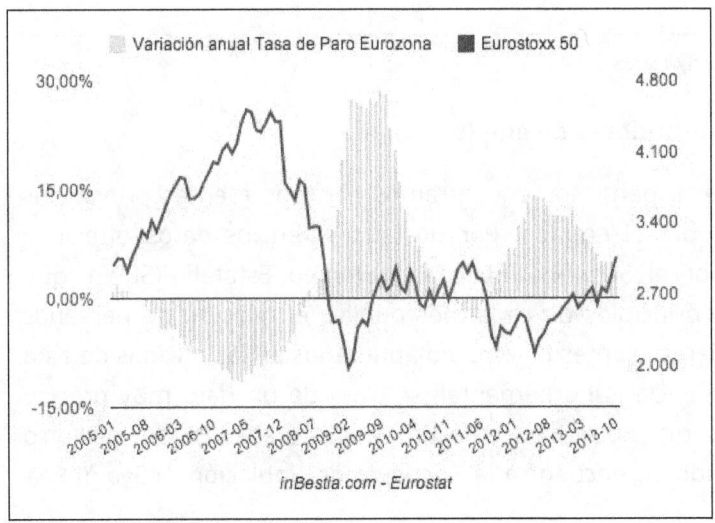

figura 6.16

---

19. Fuente Tasa de Paro Eurozona, Eurostat http://appsso.eurostat.ec.europa.eu/nui/show.do?dataset=une_rt_m&lang=en
20. Fuente Personas desempleadas Eurozona, Eurostat http://goo.gl/Bj6VMy

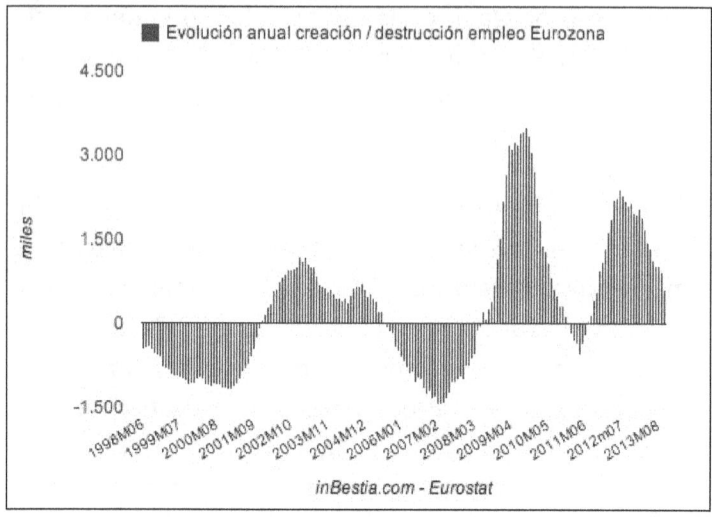

figura 6.17

Indicadores de empleo España

En España nos encontramos con dos fuentes principales sobre el empleo. Por un lado están los datos ofrecidos por el Servicio Público de Empleo Estatal[21] (SEPE), que a principios de cada mes publica el número de personas demandantes de empleo apuntadas en las oficinas de esta agencia gubernamental; se trata de un dato muy preciso ya que no se basa en estimaciones o encuestas. Y por otro lado se encuentra la Encuesta de Población Activa[22](EPA),

---

21. *Fuente datos de paro Servicio Público de Empleo Estatal* http://www.sepe.es/contenido/estadisticas/datos_estadisticos/empleo/index.html

22. *Fuente datos Encuesta Población Activa, Instituto Nacional de Estadística* http://www.ine.es/jaxi/menu.do?type=pcaxis&path=/t22/e308_mnu&file=inebase

que el Instituto Nacional de Estadística español realiza con carácter trimestral entre 65.000 familias y que se publica unas tres semanas después de que finalice el trimestre.

Una crítica común entre muchos expertos es que, los datos ofrecidos por el SEPE no son útiles para analizar la situación del empleo, ya que sistemáticamente reflejan un menor número de parados que en la Encuesta de Población Activa. Pero esta diferencia es lógica ya que un dato -el del SEPE- refleja el número de personas que activamente se registran en esa agencia gubernamental para buscar trabajo y el dato de la EPA es una encuesta telefónica, donde se incluyen como parados a personas que no se han tomado la molestia, no están interesadas o que incluso están desanimadas en la búsqueda activa de empleo. En este sentido es cierto que la Encuesta de Población Activa refleja mejor cual es la situación real del mercado de trabajo, pero la evidencia histórica muestra que ambos datos están altamente correlacionados como podemos ver en la figura 6.18.

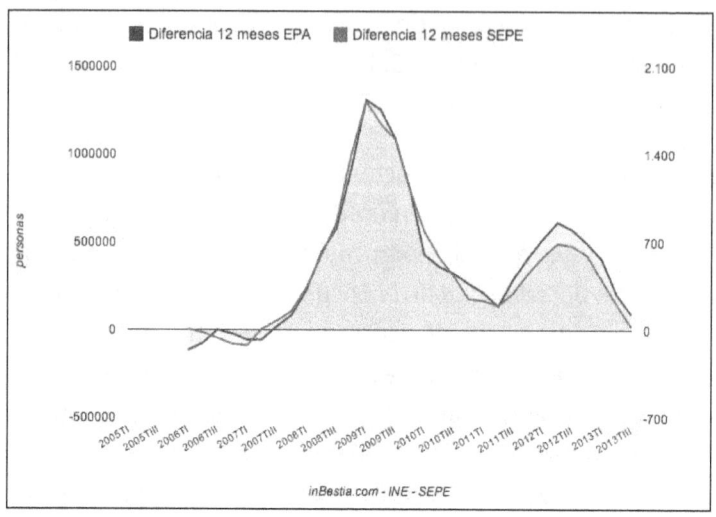

figura 6.18

La correlación es cercana a 1, pero la ventaja del dato de empleo publicado por el SEPE es que su frecuencia es mensual. Si el mes de julio es bueno para el empleo, sabremos que es bueno a principios de agosto gracias a los datos publicados mensualmente por el SEPE. Si sólo analizáramos los datos que nos ofrece la EPA, lo sabríamos a finales de octubre.

Puede que los datos del SEPE reflejen de forma más inexacta la situación del mercado laboral, pero es un dato varias veces más útil a la hora de formarnos una opinión de cuál es la tendencia actual del empleo.

El mercado laboral español tiene un fuerte componente estacional. Se destruye empleo durante el otoño y el invierno y se crea durante la primavera y el verano. Incluso en los boyantes primeros años del siglo XXI cuando la economía española crecía a ritmo de burbuja inmobiliaria, sucedía este fenómeno. Por lo tanto carece de sentido analizar un dato de empleo de forma aislada y es mejor observar, otra vez más, la evolución interanual de la tendencia del empleo como se muestra en la figura 6.19.

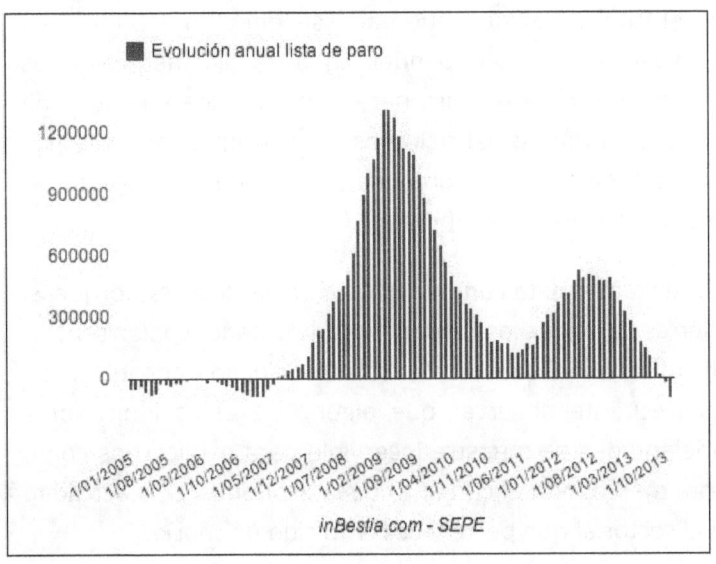

figura 6.19

7 Otros indicadores económicos

El empleo es el indicador económico más importante. Lo ha sido en el pasado y previsiblemente lo seguirá siendo en el futuro. Pero un buen análisis del ciclo económico y bursátil no puede depender en una sola métrica y sus múltiples variantes. Para hacernos una idea fidedigna de en qué momento del ciclo nos encontramos, necesitamos una batería de indicadores macroeconómicos adelantados o coincidentes a la economía.

Necesitamos esta llamada *batería de indicadores* porque, si bien es cierto que los indicadores adelantados suelen señalar al unísono en qué momento del ciclo nos encontramos, es frecuente observar que alguno de estos indicadores adelantados se muestre inservible para explicarnos cómo está marchando el conjunto de la economía, si la actividad o el sector al que pertenece ha sufrido un *shock*.

La clave interpretativa de todos los indicadores macroeconómicos radica en analizar la tendencia que presentan. Muchas veces es común observar como un analista extrae una conclusión apresurada, porque un indicador económico ha reflejado un dato demasiado bueno o demasiado malo. Todos los indicadores macroeconómicos, en algún momento del ciclo, suelen mostrar un comportamiento errático breve al que no hay que dar mayor significado. Lo importante es que la mayoría de indicadores de nuestra batería nos aporten una información similar y que sean indicadores con una sólida lógica económica en la que podamos confiar nuestro juicio sobre el ciclo económico.

Sin ánimo de ser exhaustivos, ya que indicadores económicos adelantados y coincidentes hay muchos, vamos a mencionar 7 ejemplos que cubren varios sectores de la economía y lo hacen desde varios enfoques.

Ventas Minoristas

No es necesario ser laureado con el Nobel de economía para entender que en medio de una recesión las ventas al por menor suelen desplomarse y que, cuando la economía marcha bien, las ventas crecen. En la figura 7.1[1] podemos ver la evolución anual de las ventas al por menor en EEUU y cómo estas suelen pasar a terreno negativo antes o justo en el momento en el que la economía entra en recesión. Tal vez en el futuro el ciclo económico mute y haya un desplome de ventas en un periodo de expansión, pero la experiencia de las últimas décadas nos dice que las ventas minoristas caen en recesión. Por este motivo, este indicador es tan útil para saber en qué fase del ciclo nos encontramos de forma bastante fiable.

---

1. *Fuente ventas al por menor EEUU* http://research.stlouisfed.org/fred2/graph/?id=RRSFS

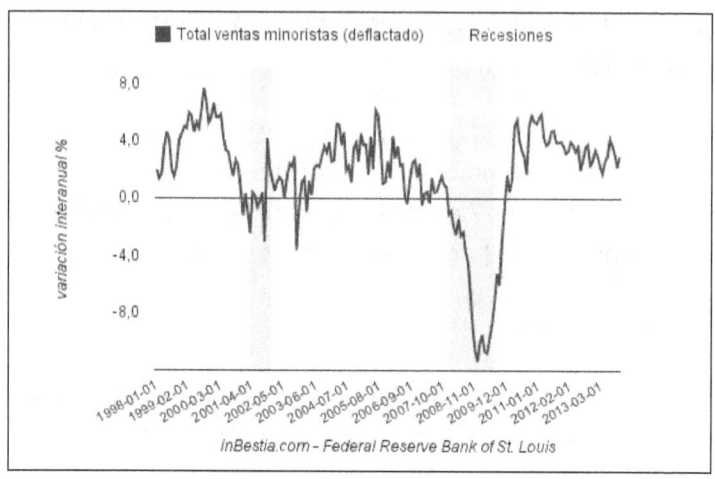

figura 7.1

Producción industrial y uso de la capacidad industrial

El índice de producción industrial (figura 7.2[2]) refleja la evolución de este sector ponderando los subsectores en función de su tamaño, y el uso de la capacidad industrial (figura 7.3[3]) se refiere a la capacidad operativa a la que efectivamente están produciendo las fábricas. Con todo el peso de la lógica económica, durante una recesión la producción industrial y el uso de la capacidad industrial de un país decaen. Por otro lado, en algún momento de la recesión la actividad industrial deja de disminuir y el uso de la capacidad industrial empieza a repuntar; estamos ante el punto de inflexión entre la contracción acelerada

---

2. *Fuente producción industrial EEUU* http://research.stlouisfed.org/fred2/graph/?g=qau
3. *Fuente uso capacidad industrial EEUU* http://research.stlouisfed.org/fred2/graph/?g=qav

y la contracción desacelerada que se produce semanas o meses antes de que la recesión llegue a su fin.

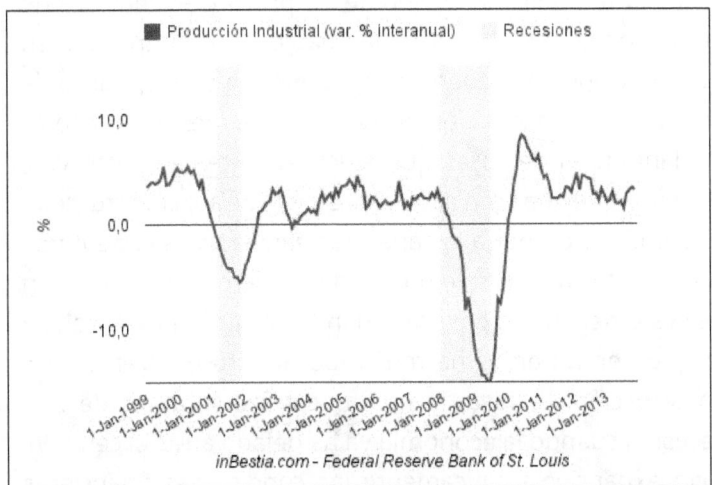

figura 7.2

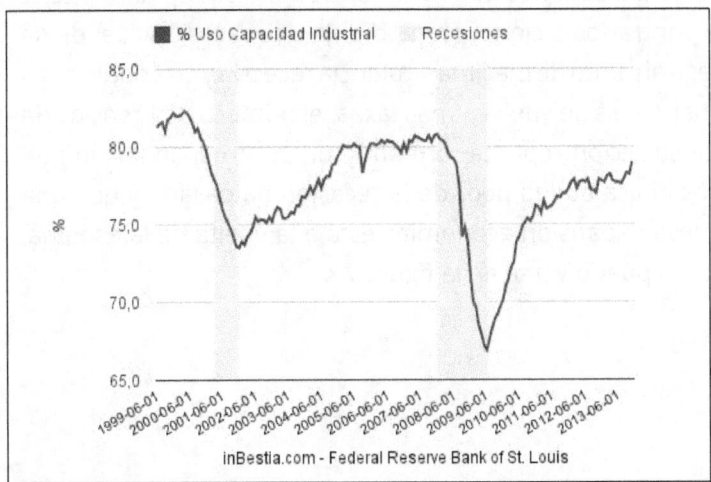

figura 7.3

Licencias de construcción inmobiliaria

El sector inmobiliario es uno de los principales motores de la economía. El indicador más fiable para interpretar en qué situación se encuentra este mercado es el número de licencias de construcción otorgadas cada mes. Este dato es adelantado al de casas que efectivamente se construyen, debido a que una licencia siempre precede a la construcción. Es común escuchar a los analistas e inversores lamentarse o alegrarse cuando sale publicado un dato de construcción de casas negativo o positivo, cuando en realidad sólo refleja lo que tiempo antes ha mostrado el dato de licencias de construcción. La historia nos muestra que, antes de una recesión cuando la economía ya ha dejado atrás el cenit del ciclo expansivo y típicamente las condiciones financieras hipotecarias se vuelven más difíciles, el número de licencias de construcciones inmobiliarias se contrae rápidamente. Y lo contrario es cierto, en medio de una recesión cuando se llega al punto de máxima virulencia recesiva y las condiciones financieras se vuelven más laxas, el número de licencias de construcción repunta formando un punto de inflexión que nos indica que lo peor de la recesión ha pasado y que una nueva expansión económica está a la vuelta de la esquina, como puede verse en la figura 7.4[4].

---

4. *Fuente licencias de construcción EEUU* http://research.stlouisfed.org/fred2/graph/?g=qax

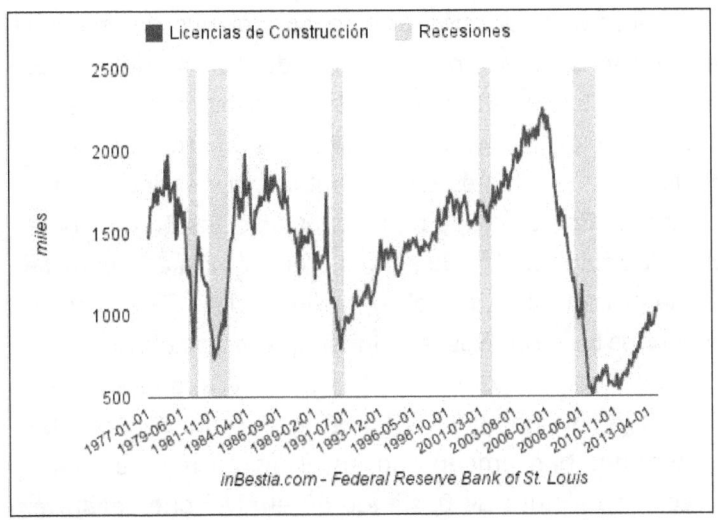

figura 7.4

Índices Sectoriales

Los índices sectoriales suelen ser índices de difusión[5] que nos ayudan a entender si un determinado sector se encuentra en fase de crecimiento o en fase de contracción. En EEUU la entidad que lidera los estudios de la actividad económica del sector servicios y manufacturero es el Institute for Supply Management[6] o ISM. En el resto del mundo, especialmente en Europa, la entidad que lidera estos estudios es Markit Economics[7].

---

5. *¿Qué son índices de difusión?* *http://www.youtube.com/watch?v=TZ0QpKTXtWc*
6. *Institute for Supply Management* *http://www.ism.ws/ismreport/mfgrob.cfm*
7. *Markit Economics* *http://www.markiteconomics.com/Public/Page.mvc/PressReleases*

Un indicador de difusión tiene como objetivo representar la realidad de una forma simplificada. La pregunta típica que el instituto ISM realiza a los directivos empresariales[8] suele interrogar si, por ejemplo, el número de nuevos pedidos de los clientes ha aumentado, siguen igual o han declinado. Con este tipo de respuestas el instituto elabora un índice que refleja si la actividad económica aumenta, se encuentra estable o, por el contrario, declina. En el caso de que todos los directivos respondan que las condiciones han mejorado en el último mes, el índice ofrecería una lectura de 100 y, cuando todos los gestores responden que las condiciones han empeorado en el último mes, el índice ofrece una lectura de 0, siendo 50 el nivel que separa el número de respuestas positivas de las negativas. Este tipo de índices muestran la dirección en la que está marchando la actividad de un sector, pero no informan de la intensidad de la expansión o contracción económica.

El instituto ISM de EEUU registra y publica dos índices principales: el ISM del Sector Manufacturero y el ISM del Sector Servicios.

El ISM Servicios se obtiene a partir de cuatro subindicadores de difusión que reflejan los nuevos pedidos recibidos, la actividad mercantil, la situación del empleo en el sector y las entregas de los proveedores. Aunque su recorrido histórico es bastante reducido -el índice fue creado en 2008-, lo cierto es que pasó con nota su primer test y le avala el hecho de

---

8. Metodología índices de difusión ISM http://www.ism.ws/ISMReport/content.cfm?ItemNumber=10706

que el índice ISM Manufacturero, creado en 1948, se haya mostrado una herramienta útil con el paso del tiempo. En la figura 7.5[9] se visualiza cómo descendió de 50 durante la recesión norteamericana de 2007-2009 y cómo, tras su punto de inflexión en medio de la recesión, fue un claro indicador de que el nuevo ciclo económico expansivo estaba comenzando.

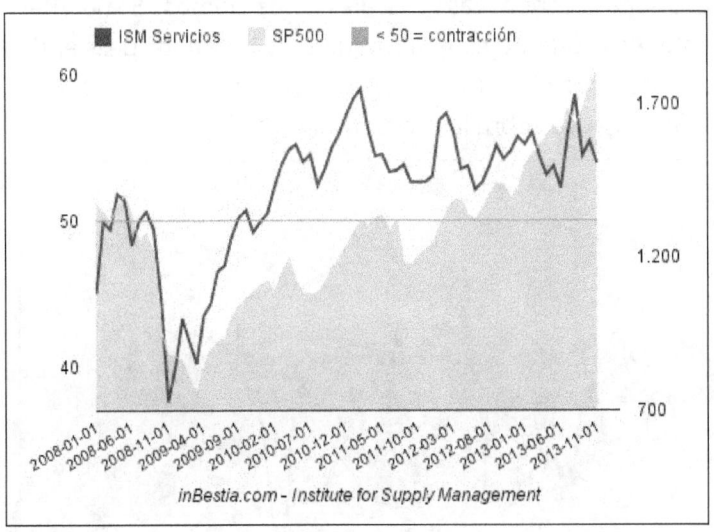

figura 7.5

El índice ISM Manufacturero (figura 7.6[10]) se obtiene a partir de 5 subíndices de difusión que reflejan la evolución de los nuevos pedidos recibidos, la producción, el empleo en el sector, las entregas de los proveedores y los inventarios.

---

9. *Fuente ISM Servicios* http://research.stlouisfed.org/fred2/graph/?g=qaD
10. *Fuente ISM Manufacturero* http://research.stlouisfed.org/fred2/graph/?g=qaE

La trayectoria histórica es amplia ya que este índice existe desde 1948. Es importante volver a recalcar que todos los indicadores pueden ofrecer lecturas erráticas que no contienen mucho significado. En el caso del ISM Manufacturero, es frecuente observar lecturas por debajo del 50%, nivel que señala contracción en el sector, pero sólo lecturas por debajo de 45% han sido consistentes con recesiones económicas generales en los últimos 65 años. Por tanto, es prudente esperar a que este indicador descienda hasta ese nivel, para considerar que está enviando una señal negativa sobre la economía.

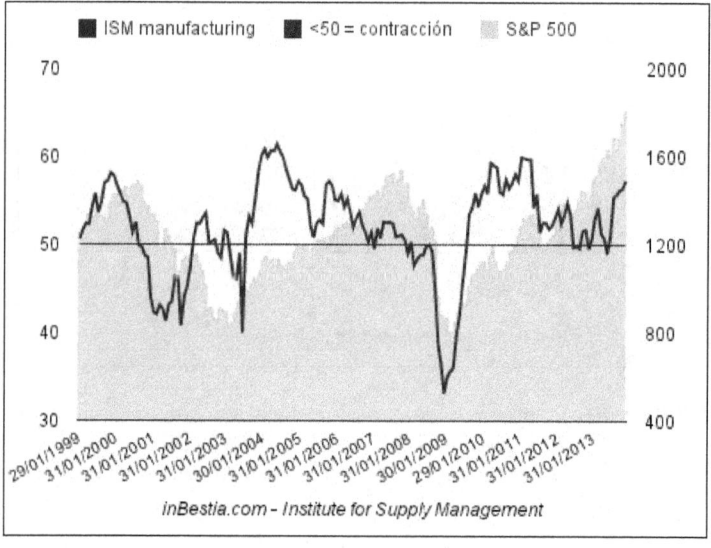

figura 7.6

Los indicadores sectoriales que Markit Economics publica sobre 30 países del mundo, siguen esta misma lógica y se analizan de la misma manera.

Encuestas de confianza económica

Encuestas de sentimiento económico o de confianza empresarial hay muchas. Siempre será más útil aquella encuesta que presente una trayectoria menos volátil o que, al observarla por su variación anual, nos ofrezca una información fácil de interpretar. Un ejemplo de encuesta de sentimiento económico en EEUU lo tenemos en la Consumer Confidence Index[11] y en la Eurozona disponemos del Índice de Sentimiento Económico (figura 7.7[12]).

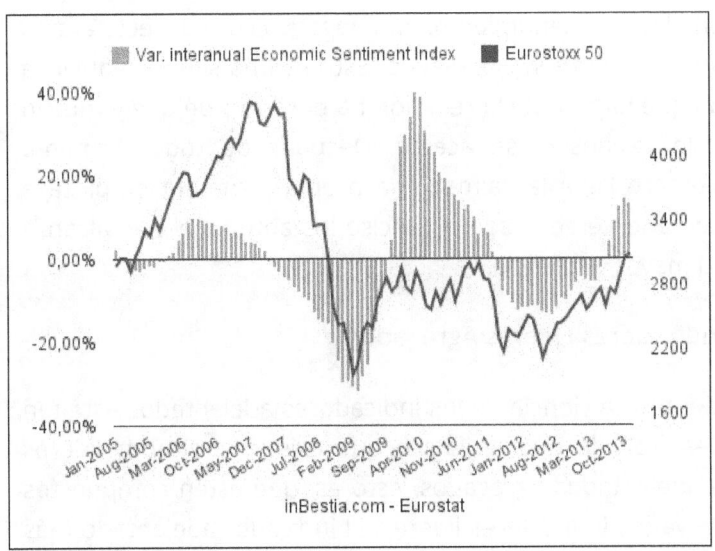

figura 7.7

---

11. *Consumer Confidence Index, The Conference Board* http://www.conference-board.org/data/consumerconfidence.cfm
12. *Índice Sentimiento Económico Europa, Eurostat* http://epp.eurostat.ec.europa.eu/tgm/table.do?tab=table&init=1&language=en&pcode=teibs010&plugin=1

Este indicador de sentimiento económico de la Eurozona es el resultado de múltiples encuestas en el sector industrial, sector servicios, sector minorista, sector de la construcción y a los propios consumidores. En total unas 125.000 entidades y 40.000 consumidores. A la luz de los datos históricos con los que contamos y la relación de esta encuesta con el mercado de acciones, no es arriesgado decir que estamos ante una de las encuestas más útiles para el especulador bursátil. Durante una recesión el sentimiento económico se deteriora rápidamente hasta alcanzar el punto de inflexión en el que el sentimiento, aún negativo con respecto al año anterior, es menos negativo. Esto es una señal inequívoca de que lo peor de la recesión ha pasado y de que el nuevo ciclo expansivo se acerca. Después de toda tormenta siempre llega la calma. Y la propia tormenta empieza a desvanescerse desde el preciso instante en el que alcanza su mayor virulencia.

Indicadores Líderes Agregados

El arte y la ciencia de los indicadores adelantados está tan desarrollado que es lógico que existan indicador líderes o adelantados agregados, esto es, que estén compuestos de varios indicadores líderes. El indicador adelantado más ampliamente seguido en EEUU es el de The Conference Board, que mantiene y publica este índice desde los años noventa cuando tomó el testigo a la administración norteamericana que lo gestionaba desde los años 30[13]. El

---

13. *Meet the magic indicator: the LEI don´t lie* http://www.forbes.com/sites/kenfisher/2013/10/30/meet-the-magic-indicator-the-lei-dont-lie

indicador se basa en 10 subindicadores, entre los que se encuentran el número de horas de trabajo semanales en el sector manufacturero, el número semanal de seguros de desempleo solicitados, los pedidos del sector manufacturero para fabricar bienes de consumo, la velocidad de entrega de los proveedores industriales, los pedidos de bienes de equipo, las licencias de construcción, el propio índice bursátil S&P 500, el diferencial de tipos de interés o curva de tipos, el índice de confianza elaborado por la Universidad de Michigan y la masa monetaria (M2).

Como se puede observar, muchos de esos subindicadores son algunos de los que hemos mencionado en este mismo capítulo o en el anterior. Si aquéllos los hemos mencionado como indicadores útiles, este indicador agregado, por fuerza, también lo es.

El indicador de The Conference Board puede seguirse bajo suscripción, pero otros indicadores parecidos, construidos con datos iguales o similares, están disponibles para todos los públicos, como es el caso del indicador líder de la economía estadounidense publicado por la Reserva Federal de San Luis (figura 7.8[14])

---

14. *Fuente indicador líder economía EEUU, Federal Reserve Bank of St. Louis* http://research.stlouisfed.org/fred2/series/USSLIND

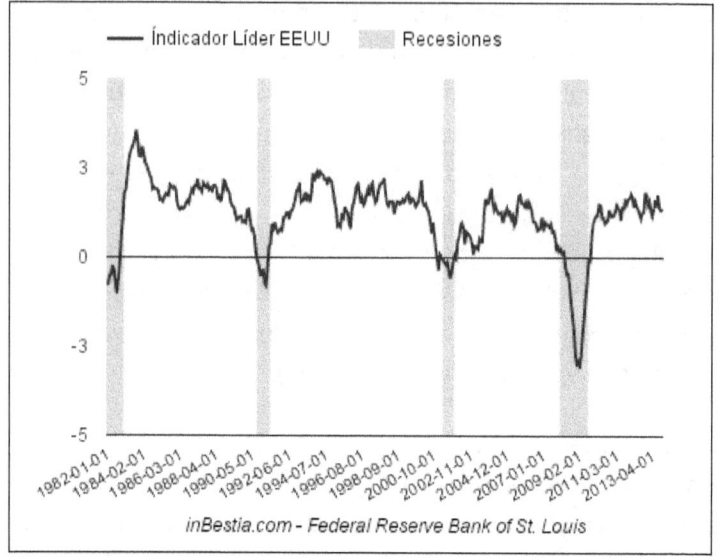

figura 7.8

The Conference Board también publica indicadores líderes agregados para otros países como España, aunque basándose en tan sólo 6 subindicadores adelantados[15]. En la figura 7.9[16] podemos ver la variación anual de este indicador junto con la evolución del Ibex 35.

---

15. *Metodología indicador adelantado economía España, The Conference Board* http://www.conference-board.org/pdf_free/press/TechnicalPDF_5006_1384459846.pdf
16. *Fuente indicador adelantado economía España* http://inbestia.com/noticias

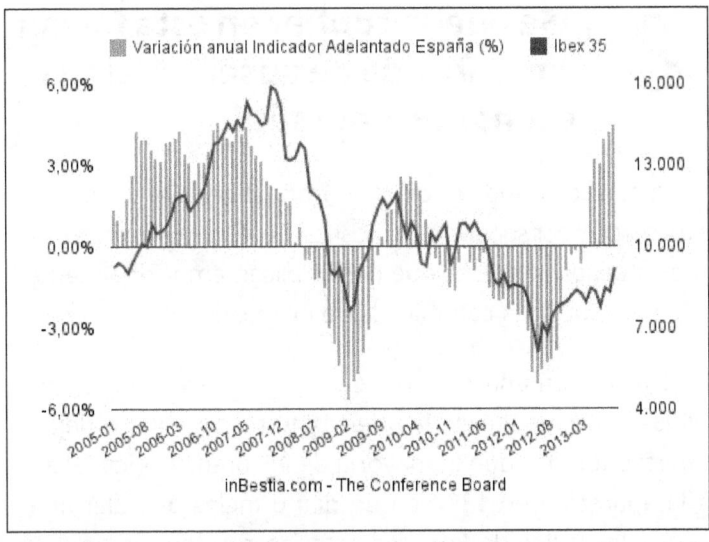

figura 7.9

8. ¿Se puede confiar en esta forma simplificada de observar el ciclo económico-bursátil?

Pronosticar el mundo es difícil. Y pronosticar la economía no es más fácil. Y por supuesto, pronosticar la bolsa, donde solemos tener muchos intereses que nos implican emocionalmente, es igual o aún más complicada de pronosticar.

La historia humana está repleta de grandes predicciones fallidas. Quizás, una de las más pintorescas -que refleja a la perfección por qué la mayoría de las predicciones fallan- es la aparecida en 1894 en un diario inglés que alertaba[1] de que las calles de Londres estarían recubiertas de 2,74 metros de estiércol de caballo a mediados del siglo XX.

A finales del siglo XIX, muchas grandes ciudades como Londres, París o Nueva York se enfrentaban a un grave problema sanitario y logístico, debido al gran número de caballos que circulaban por las calles para proveer de servicios y bienes a sus habitantes. Sólo en Londres circulaban 50.000 caballos por la ciudad cada día y en Nueva York se calculó que 100.000 caballos vertían a las calles, nada menos que 1.133 toneladas de estiércol al día. A medida que las ciudades se hacían más grandes en tamaño y población, no sólo aumentaban los residuos, sino también el espacio necesario para los caballos dentro de la

---

1. *The Great Horse-Manure Crisis of 1894* http://www.fee.org/the_freeman/detail/the-great-horse-manure-crisis-of-1894#axzz2lwapnO8i

ciudad. Un desastre en todos los sentidos que preocupaba profundamente a todos los ciudadanos y que hizo que los expertos lanzaran terribles y desalentadores pronósticos sobre el futuro, como el publicado por aquel diario inglés.

Sólo había un problema. Este tipo de predicciones que intentan representar el futuro simplemente extrapolando el presente no tienen en cuenta la capacidad humana para superarse, ni tampoco cómo funciona el mecanismo de incentivos dentro de una sociedad libre. Así, cuando un problema emerge y ese problema se refleja a través de un mecanismo de precios -los caballos son cada vez más caros dentro de la ciudad-, automáticamente se generan incentivos para crear alternativas más baratas. En pocos años todas esas predicciones fatalistas quedaron obsoletas con la invención de los automóviles.

Desde entonces el mundo no ha cambiado significativamente a pesar de que se ha vuelto más complejo. Las mismas predicciones fallidas se suceden una y otra vez con respecto a la economía y la bolsa. Cuando todo aparentemente va bien, los análisis -muchos de ellos basados en complejos modelos econométricos- tienden a extrapolar el futuro según el presente inmediato. Cuando todo va decididamente mal, los análisis tienden a asegurar que el futuro será terriblemente negativo. Y estos errores de pronóstico son cometidos por las entidades supranacionales más prestigiosas, que cuentan con todos los medios y con el mejor capital humano

---

2. *World Economic Outlook, International Monetary Fund*, abril 2007 pág.13 http://www.imf.org/external/pubs/ft/weo/2007/01/pdf/text.pdf

del mundo. En la figura 8.1 se muestra un gráfico extraído del informe de perspectiva mundial publicado en abril del año 2007[2] por el Fondo Monetario Internacional (FMI), en el que el pronóstico de crecimiento anual del producto interior bruto era cercano al 5% en 2008, o entre un 6% y 3,25% con un 90% de confianza.

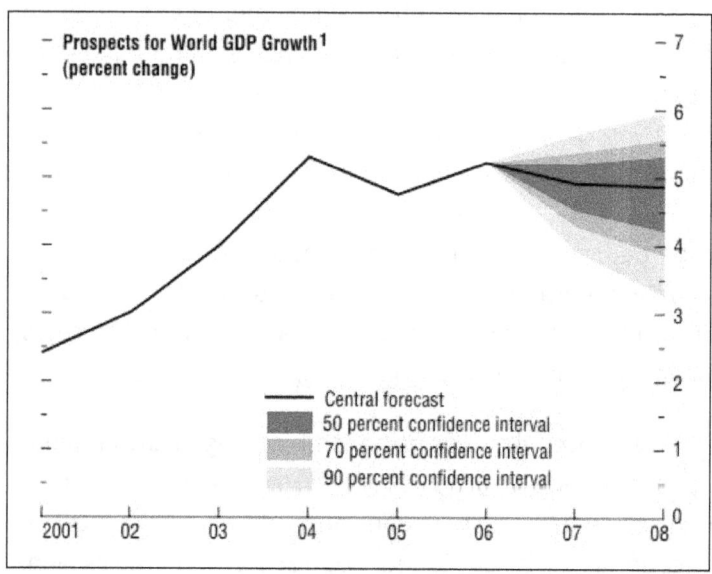

figura 8.1

El dato real del producto interior bruto global en 2008 (figura 8.2) fue de un escaso crecimiento del 1,4%, propiciado por la entrada en la Gran Recesión[3] de un importante número de países y que se extendería hasta el año 2009 en el que el PIB global se contrajo un 2,1%.

---

3. Gran Recesión https://es.wikipedia.org/wiki/Crisis_econ%C3%B3mica_de_2008-2013

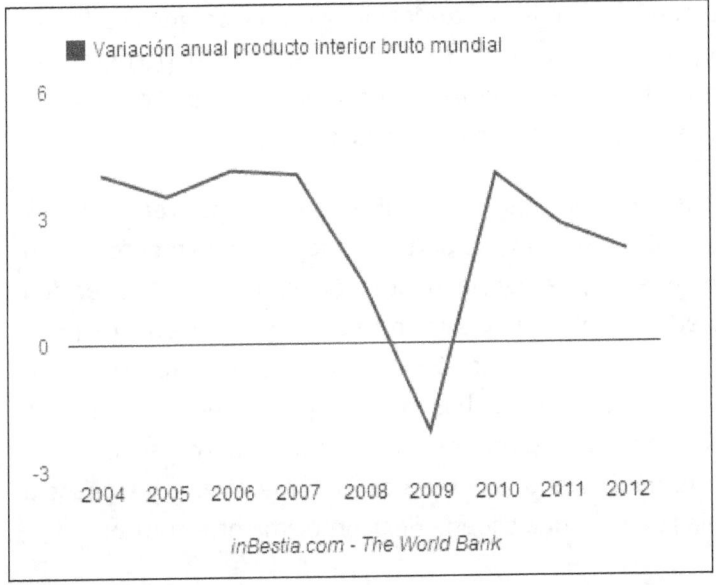

figura 8.2

Si los principales organismos y entidades de envergadura planetaria no son capaces de pronosticar el futuro con mayor fiabilidad que la que procura el lanzamiento al aire de una moneda, ¿qué nos queda a nosotros? La respuesta es que nos tenemos a nosotros mismos. Philip E Tetlock, psicólogo y profesor de ciencias políticas en la universidad de Berkeley y posteriormente de Pensilvania, se ha dedicado a estudiar desde hace tiempo cómo de acertados son los expertos y las organizaciones de prestigio en sus predicciones. En su libro *Expert Political Judgement*[4], recoge un experimento de 13 años de duración iniciado en 1987 que consistió en preguntar a diferentes expertos del gobierno y del campo educativo varias cuestiones sobre política interna,

---

4. *Expert political judgement*, Philip E. Tetlock http://goo.gl/3sa3nj

economía y política exterior de asuntos tan destacados en aquellos años como la caída de la URSS, la Guerra del Golfo, la burbuja inmobiliaria japonesa, la potencial secesión de Quebec y otros tantos temas de interés.

Tras una década de análisis en tiempo real, Tetlock descubrió que los expertos, independientemente de su experiencia, categoría o posición carecían de capacidad predictiva alguna[5] y sus formulaciones no eran mejores que una simple elección al azar. Los expertos conocían a la perfección muchas de las piezas del puzzle de un determinado escenario o evento, pero suspendían sistemáticamente a la hora de juntar las piezas y en base a ellas deducir una cadena de acontecimientos futuros.

No obstante, a pesar de que ese fue el resultado general, lo cierto es que Tetlock encontró dos grupos de interés: el de los peores pronosticadores y el de los mejores. Como Tetlock además de profesor de ciencias políticas es psicólogo, no pudo resistirse a introducir preguntas en su experimento que revelaran cuál era el *estilo cognitivo* de los especialistas en cuestión. Investigó de qué forma estos expertos procesan y observan la información que les rodea. Con los resultados consiguió definir las características propias que separan a los mejores de los peores. El grupo de los peores pronosticadores son los erizos y el grupo de los mejores son los zorros. La razón de la distinción con

---

5. *¿Eres un Zorro o un Erizo? Las dos categorías en las que Nate Silver divide a los pronosticadores* http://inbestia.com/blogs/post/eres-un-zorro-o-un-erizo-las-dos-categorias-en-las-que-nate-silver-divide-a-los-pronosticadores

esos nombres[6] tiene su origen en el poeta griego *Arquíloco* que dijo: *"los zorros saben muchas cosas pequeñas y los erizos saben una sola gran cosa"*.

Los erizos tienen personalidad *tipo A* y creen en las grandes ideas, en principios generales que gobiernan el mundo y sus países como si se trataran de otras leyes más de la física que pudieran explicar cada movimiento social. Un ejemplo sería Marx y su idea de la lucha de clases o Freud y su idea del subconsciente. Los zorros tienen un enfoque menos grandilocuente sobre el mundo, creen en muchas ideas y posibles enfoques, siendo más tolerantes a los matices, la incertidumbre, la complejidad del mundo y las opiniones disonantes. Si los erizos son cazadores en busca de la *gran idea*, los zorros son recolectores de hechos.

Un ejemplo de las diferencias entre ambos grupos son las dispares predicciones que emitieron sobre la desintegración de la URSS. Los erizos en el experimento de Tetlock eran personas con una ideología más marcada que los zorros. Los erizos que ideológicamente eran de derecha tendían a observar la URSS como el malvado enemigo y, los erizos que eran de izquierda, percibían la URSS con menor beligerancia y hasta en algunos casos con cierta simpatía. En cualquier caso, su ideología o concepción general del mundo los volvía ciegos a lo que los zorros sí podían ver con mayor claridad: la URSS era un unión política en grave crisis económica y completamente disfuncional con un alto riesgo de desintegrarse. Nate Silver, en su libro *The signal and the noise*[6], presenta la siguiente tabla con las características de los *Zorros* y de los *Erizos*.

Cómo piensan los Zorros	Cómo piensan los Erizos
Multidisciplinares: obtienen ideas de múltiples campos independientemente del origen ideológico del que provengan.	**Especialistas:** típicamente su carrera gira alrededor de uno o dos grandes temas. Consideran las opciones externas de forma escéptica.
Adaptables: encuentran nuevos enfoques o utilizan varios a la vez si el que originalmente tienen no funciona.	**"Leales":** siguen fieles al mismo modelo o esquema. La nueva información sirve para modificar ese modelo.
Autocríticos: a veces reconocen errores en sus predicciones fallidas y aceptan críticas.	**Tercos:** culpan de los errores a la mala suerte o a circunstancias externas.
Tolerantes ante la complejidad: entienden que el universo es complejo hasta el punto de aceptar que ciertas cosas no pueden pronosticarse.	**Buscan el orden:** entienden que el mundo es gobernado por sencillas reglas que se pueden descifrar aislando la señal del ruido.
Cautos: expresan sus opiniones en términos probabilísticos y argumentan sus opiniones.	**Confiados:** expresan sus opiniones de forma absoluta y rechazan cambiar de opinión.
Empíricos: fundamentan sus análisis en la observación más que en la teoría.	**Ideológicos:** creen que la solución a las pequeñas cosas parten de grandes principios e ideas.

tabla 8.3

En un mundo complejo y difícil de pronosticar, los modelos creados con vocación de explicar el mundo *de arriba a abajo*, suelen ser meros corsés de los que la realidad más pronto que tarde tiende a deshacerse. A la luz de la experiencia histórica y de los innumerables casos de predicciones fallidas en la historia de los mercados, un especulador bursátil debe ser intelectualmente autónomo y flexible en sus ideas, hasta el punto de poder cambiar de opinión rápidamente a medida que nuevas evidencias llegan a su poder.

Debe descartar los grandes edificios intelectuales en pos de la recolección de datos y, a la vez, necesariamente ha de hacer suyo el eslogan de *menos es más*, ya que en un entorno de alta incertidumbre como es la bolsa, un exceso de información sólo puede llevarnos a cometer errores. Lo sabio no es hacerse con cantidades ingentes de información, sino deshacerse de todas las informaciones triviales o sin importancia y ceñirse a lo que realmente tiene valor bursátil. No es una tarea sencilla.

Una esclarecedora historia, que refleja la necesidad de modelos sencillos y útiles en un entorno complejo, es la relatada por el escritor Malcolm Gladwell en su libro *Inteligencia Intuitiva*[7], en el que ensalza el mecanismo de la intuición como una depurada herramienta de la evolución pero de la que es necesaria entender cuándo ha de confiarse en ella o cuándo nos puede llevar a cometer errores.

---

6. *The signal and the noise*, Nate Silver http://goo.gl/S9iFoL
7. *Inteligencia Intuitiva*, Malcolm Gladwell http://goo.gl/fpMlv1

A través del pasaje del libro dedicado al hospital Cook County de Chicago, Gladwell explica cómo en un ambiente de incertidumbre, más información no genera mejores resultados, sino que incluso puede ser contraproducente.

El Cook County Hospital, como hospital público, era el único lugar al que podían acudir cientos de miles de chicagüenses sin seguro médico. Pacientes que sólo tenían la posibilidad de acceder a la sanidad gratuita entrando por la sala de urgencias del hospital, unidad que atendía unas escalofriantes 250.000 urgencias por año. Se da la curiosidad que esta atestada sala de urgencias del Cook County Hospital fue la que inspiró la celebérrima *serie televisiva Urgencias*[8].

No se trata sólo de que la sala de urgencias constantemente se encontrara por encima de su capacidad de atención a los pacientes, sino que diariamente todo el hospital funcionaba más allá de los límites de lo aceptable, no habiendo habitaciones privadas, aire acondicionado, cafeterías, teléfonos y baños suficientes; incluso la leyenda dice que se dio el caso de que entrenaron a un mendigo para hacer *tests* básicos de laboratorio porque no tenían suficiente personal. Leyenda o no, aquello era un caos organizativo aderezado con multitud de presidiarios que las cárceles enviaban para tratarlos allí y que por supuesto iban acompañados de policías que terminaban de ponerle una nota de color a aquél escenario.

---

8. ER http://es.wikipedia.org/wiki/ER_(serie_de_televisi%C3%B3n)

Cuando Brendan Reilly se hizo cargo del departamento médico del hospital, los problemas eran muchos y rápidamente advirtió que la sala de urgencias era un desastre con enormes listas de espera y con pacientes que desde buena mañana acampaban y llevaban alimentos para varias comidas mientras esperaban su turno. Según Reilly, *"a veces simplemente no se podía transitar por allí"*. El principal problema de Reilly era encontrar una solución a este cuello de botella o cómo clasificar rápidamente a los pacientes para asegurarse que aquéllos que necesitaran atención inmediata, fueran atendidos correctamente; a la vez era necesario gastar menos recursos -tiempo y dinero- en detectar y tratar lo que realmente tenían los pacientes que entraban por la puerta de urgencias.

No pasó mucho tiempo hasta que Reilly estableciera protocolos para tratar rápida y eficazmente a muchos pacientes con problemas de asma u otros males que generan muchos casos al día en la ciudad de Chicago. Pero cuando se propuso establecer un protocolo para los casos de infarto, se encontró con grandes dificultades añadidas. Eran unos 30 casos al día y cada uno de esos casos consumía bastantes más recursos que otras patologías, tanto en tiempo como en dinero, ya que para hallar si un paciente tiene un infarto son necesarias numerosas pruebas durante demasiado tiempo, muchas veces para no llegar a ninguna conclusión clara. Además los pacientes con sospechas de infarto pasan más tiempo en el hospital. Desde el principio, buscar una solución eficiente para detectar, clasificar y tratar los infartos fue una de las prioridades de Reilly en su empeño de solucionar ese enorme desastre que era urgencias. A priori, puede parecer sencillo detectar un paciente que sufre un infarto mediante un electrocardiograma y otras evidencias físicas que un doctor de urgencias fácilmente puede percibir. Pero la realidad es que detectar un infarto de forma rápida y con eficacia, es bastante complejo. Un electrocardiograma está lejos de ser perfecto y, a veces, un paciente que aparentemente tiene un buen latido, resulta que está sufriendo un genuino ataque al corazón. Y hay ocasiones en las que ocurre lo contrario: el electrocardiograma alerta de problemas pero en realidad el paciente no está sufriendo ningún infarto.

Para medir el grado de fiabilidad en los diagnósticos médicos del Cook County Hospital, Reilly tomó los archivos de 20 casos reales de personas que habían sufrido infartos y repartió los dossiers entre todos los especialistas involucrados en atender estos casos. Dándoles los datos les pidió un diagnóstico. ¿Cuál fue el resultado? En general se puede decir que no hubo una alta concordancia entre los diagnósticos de los médicos del hospital; con el mismo expediente algunos diagnosticaban ingreso inmediato del paciente y otros simplemente los dejaban marchar.

Entre el 2% y el 8% de las personas que acuden a un hospital en EEUU por sospecha de infarto, son enviadas a casa a pesar de que realmente sufren un infarto. Pero los médicos no se equivocan principalmente infradiagnosticando a los enfermos sino, por un principio de cautela, se equivocan al diagnosticar como infartados a pacientes que no sufren ese mal.

No es sencillo ponerse en la piel de un médico que tiene que tomar una decisión cuando se le presenta un paciente de edad, fumador, sedentario y con alta presión sanguínea quejándose de un dolor en el pecho a la vez que su electrocardiograma desmiente que esté sufriendo un infarto. Como médicos ¿qué tenderíamos a hacer? Probablemente más pruebas, porque solemos creer que con mayor información se podrá determinar mejor un problema. Cuando un médico se encuentra ante estas situaciones contradictorias, la pregunta que se hace a sí mismo es *¿por qué correr el riesgo de dejar morir a alguien aunque su electrocardiograma no señale ningún problema?* Y no olvidemos que una negligencia puede suponer una fuerte condena para un médico.

Sin embargo, sólo un 10% de los pacientes que se presentan en urgencias con sospecha de infarto, realmente tienen un infarto. Y el 90% restante está consumiendo muchos recursos para detectar y tratar algo que no tienen. Un paciente con dolor en el pecho suponía unos 2.000 dólares de gastos por día y de media cada paciente pasaba 3 días en el hospital. Si se multiplican 27 pacientes (90% de los que ingresaban por urgencias en el Cook County y que realmente no tenían un infarto) por 6.000 dólares y a su vez por 365 días que tiene un año, el resultado es que el hospital gastaba alrededor de 60 millones de dólares al año en pacientes que no tenían infartos.

Para Reilly había quedado claro que los diagnósticos médicos de algo tan urgente y drenador de recursos como son los infartos no eran especialmente precisos, además no disfrutaban de un procedimiento estándar y racional para clasificar y tratar a los pacientes. En su búsqueda por mejorar la situación, encontró una investigación de los años 70 cuyo autor era Lee Goldman, que había sido completamente ignorada por la comunidad médica y científica. Goldman se había interesado en saber estadísticamente, si había alguna sencilla ecuación que predijera con una alta tasa de aciertos cuando alguien estaba sufriendo un genuino ataque al corazón. Con este objetivo alimentó su ordenador con cientos de casos hasta hallar la respuesta para que los doctores no tuvieran que basar sus opiniones en estimaciones más o menos subjetivas. Encontró que tres son los principales factores determinantes para saber si realmente se está sufriendo un infarto:

1) Que el paciente sienta dolor como una angina que varía de ritmo

2) Que haya líquidos en los pulmones del paciente

3) Que la presión sistólica del paciente sea menor a 100

En base a estos tres factores Goldman diseñó *árboles de decisión*[9] recomendando que medidas tomar en cada caso. Por ejemplo, un paciente con un electrocardiograma normal pero dando positivo en los tres factores anteriores, se categorizaría de gravedad intermedia; un paciente con un electrocardiograma que revelara una isquemia aguda pero que sólo presentara uno de los tres factores clave, se consideraría un paciente de bajo riesgo en el corto plazo y se daría prioridad a otros; por último, otro paciente con

---

9. *Árbol de decisión* http://es.wikipedia.org/wiki/%C3%81rbol_de_decisi%C3%B3n

el electrocardiograma señalando isquemia y con al menos dos de los tres factores básicos, sería tratado de urgencia. Y así, con todas las posibles combinaciones, Goldman propuso su protocolo tras tres años de trabajo, pero su esfuerzo cayó en saco roto, ya que casi nadie daba crédito a que un sencillo *árbol de decisión* fuera mejor que un bien entrenado médico a la hora de diagnosticar a los pacientes. ¿Cómo iba a superar una sencilla ecuación el diagnóstico de un médico experimentado viendo el caso *in situ* y pudiendo realizar todo tipo de pruebas?

Por suerte el trabajo de Goldman sería rescatado en 1995 por Reilly que se encontraba ante una situación desesperada en el Cook County Hospital. Tomó el algoritmo, se lo presentó a los médicos del hospital y les dijo que en adelante harían una prueba doble para tener datos. Por un lado, los médicos diagnosticarían y tratarían los posibles casos de infarto como siempre habían hecho y, por otro lado de forma simultánea, aplicarían el algoritmo de Goldman para saber que diferencias se presentaban entre ambos métodos ante un escenario real. Este doble procedimiento se realizó durante dos años y el resultado final fue sorprendente. El algoritmo de Goldman era un 70% mejor reconociendo pacientes que de ninguna manera tenían un ataque al corazón, además de ser un método más seguro que salvaba más vidas al categorizar mejor a los pacientes entre infartados graves, medios y leves y por tanto dándoles el tratamiento adecuado en tiempo y forma. Los médicos eran capaces de diagnosticar correctamente los infartos más graves entre un 75% y 89% de los casos, además el algoritmo lo hacía correctamente más del 95%

de los casos. Esa evidencia fue todo lo que Reilly necesitó para establecer el algoritmo como protocolo de atención de infartos a partir del año 2001.

¿Qué es lo que hace tan importante a esta historia? Y, sobre todo, ¿qué tiene que ver con la bolsa? La respuesta es que todos damos por sentado que, en un caso de infarto, cuanta más información obtengamos, mejor diagnóstico y tratamiento se alcanzará. Pocos pensamos que si un médico pide más pruebas es una mala idea. Sin embargo, el experimento de Goldman-Reilly demuestra que más información en un entorno de alta incertidumbre, no necesariamente facilita la toma de decisiones y, de hecho en el caso del Cook County Hospital, era más perjudicial para los pacientes y para el sistema sanitario. Todo lo que se necesitaba para diagnosticar un infarto a tiempo y de la forma más eficaz, era un electrocardiograma, conocer la presión sanguínea, saber si hay líquido en los pulmones y si es una angina de ritmo variable y actuar consecuentemente con un protocolo bien definido.

Esto es un descubrimiento radical en el campo del diagnóstico y tratamiento de los infartos. Imaginemos un paciente que llega a urgencias aquejado de dolores intermitentes en el pecho cada vez que sube la escalera de su casa. Su electrocardiograma y presión sistólica no revelan ningún problema y por tanto no puede ser un caso urgente según el protocolo de Goldman-Reilly. Pero el médico observa que se trata de un hombre de unos 64 años, tiene un trabajo muy estresante, fuma, no hace ejercicio nunca, tiene alta presión sanguínea de forma crónica y además está obeso y se encuentra sudorando. ¿Qué es lo que suele hacer un médico en estos casos? Probablemente optará por ingresarlo y hacerle más pruebas. Pero el algoritmo de Goldman señala que no tiene un infarto y por tanto no hay motivos para tratarlo de ese mal. Todas las condiciones que presenta el paciente son factores de riesgo para un infarto, pero eso no significa que esas condiciones de riesgo para el medio o largo plazo estén provocando un infarto en ese preciso momento. Lo que evidencia el algoritmo de Goldman es que esos factores son en la práctica insignificantes para determinar la probabilidad de un infarto real en ese preciso instante, sin embargo, son los factores que confunden a los médicos y que les hacen pedir más pruebas que realmente no aportan nada y retrasan el diagnóstico consumiendo más recursos.

Lo mismo ocurre en bolsa. La economía y los mercados financieros están dominados por altas dosis de incertidumbre, donde cada decisión tomada tiene un fuerte impacto sobre nuestras carteras. Las teorías económicas complejas, las noticias, la volatilidad de los mercados, las opiniones de los demás y las nuestras propias suelen llevarnos a la confusión. Confundimos una y otra vez los factores de riesgo con los hechos. Por eso es necesario eliminar todas las informaciones redundantes e inútiles y quedarnos solamente con lo que tiene significado bursátil. Puede que, según una teoría económica, ciertos desequilibrios que se están produciendo en la economía son factores de riesgo que nos llevarán a una recesión. Pero eso no significa que la economía vaya a entrar en recesión mañana o dentro de 1 o 2 años. Lo que importa desde el punto de vista bursátil, es saber si estamos entrando en recesión o no.

El algoritmo de Goldman demuestra es que para ciertos problemas, menos es más. No es necesario conocer más de los pacientes, sólo un poco de información clave. Y esta realidad es la que a casi todo el mundo le cuesta aceptar, empezando por los médicos que se dicen a sí mismos: *"no puede ser tan sencillo detectar un infarto, tiene que ser más complicado que saber responder a un par de preguntas... se necesita saber los detalles de cada persona, su edad, si sufrió un ataque con anterioridad, si tiene diabetes, así es como habría que tomarse una decisión médica"*. Es normal, están en juego vidas y es difícil hacer entender a la sociedad y a los médicos que, para salvarlas, no siempre se necesita un procedimiento complicado y costoso.

Parece que algo tan complejo de predecir como los mercados financieros, necesitan herramientas complejas y sofisticadas para descifrarlos. Necesitamos leer todo el día todo tipo de opiniones y contrastarlas; necesitamos mucha información, más *feeds*, más análisis, más expertos, más blogs, más periódicos, más indicadores para saber qué hará la bolsa. Pero eso no es necesariamente así.

Humildad en el enfoque, autonomía intelectual, flexibilidad y simplicidad son virtudes maestras para el especulador. O dicho de otro modo, la especulación no necesita grandes teorías generales, no puede practicarse siguiendo las ideas y consejos de los demás, es un arte imposible sin la cualidad del cambio de opinión y no existe a menos que el observador aprenda a reducir la abundante información que el mundo nos ofrece.

Los mercados carecen de inteligencia colectiva. De hecho, no tienen inteligencia porque sólo son el resultado agregado del comportamiento de millones de personas que intervienen en él. Y ciertamente hay personas muy inteligentes en los mercados, pero como conjunto los mercados financieros y las bolsas en particular, no se detienen a pensar si el crecimiento económico de un país es de buena o mala calidad. Simplemente reaccionan. Si la economía sigue creciendo la bolsa sube. Si la economía se contrae, la bolsa baja. Si alguien cree que el crecimiento económico se está desarrollando sobre pies de barro, la bolsa sube de todas maneras. Si la economía se contrae pero alguien piensa que un país es estructuralmente fuerte, la bolsa cae de todas maneras. Lo importante es entender qué está ocurriendo, no que debería ocurrir.

9 La utilidad de la valoración bursátil

En el capítulo 2 vimos brevemente qué es el análisis fundamental, el análisis técnico y el análisis macroeconómico. El clásico análisis fundamental de valores individuales parte del estudio de los estados financieros de una compañía, extendiéndose a todos los aspectos del negocio de la firma. Si los analistas fundamentales tratan de averiguar el valor intrínseco de una compañía para tomar una decisión de compra o venta, cabría pensar que un analista macro puede estar interesado en conocer el valor correcto del conjunto de mercado para decidir si comprar o posicionarse a la baja.

Esto podría ser correcto si el *trading macro* sólo fuera *invertir por fundamentales* igual que se hace con una compañía, pero ya hemos aclarado que el *global macro* o *trading macro* se centra preferentemente en analizar y operar los acontecimientos económicos y políticos. En cualquier caso, un buen operador macro jamás debe obviar una herramienta si ésta puede aportarle valor.

Sabemos por Antonio Machado que *"todo necio confunde precio y valor"* y por Benjamin Graham[1] que una fuerte fluctuación a la baja del mercado suele ser una buena oportunidad para comprar acciones a un buen precio, así como una fuerte fluctuación del mercado al alza suele ser

---

1. *Benjamin Graham: vida, legado y frases célebres* http://www.academiadeinversion.com/benjamin-graham-vida-legado-frases-celebres

una buena oportunidad de vender sabiamente lo comprado anteriormente.

Pero el concepto de *comprar barato y vender caro* es una técnica de inversión exclusivamente aplicable al muy largo plazo, entendido éste como 15 o 20 años. Está demostrado que, a 20 años vista[2], las compras bursátiles conseguidas a buen precio aumentan de valor en mayor medida que el conjunto del mercado. Pero está igualmente demostrado que las métricas de valoración no sirven para predecir lo que va a hacer una acción o el conjunto de la bolsa en periodos de 1, 3 o 6 años, periodos donde las cotizaciones son más dependientes de las circunstancias económicas, sociológicas y políticas. En la figura 9.1 se muestra la inexistente relación entre el múltiplo de valoración al que cotiza el índice S&P 500 y su comportamiento un año después; simplemente no hay patrón alguno que nos invite a pensar en que la valoración del conjunto de mercado tenga alguna influencia sobre su comportamiento posterior. En este caso, el PER[3] -*price to earning ratio*- o ratio precio/beneficios de una compañía o conjunto de compañías, está obtenido según los beneficios empresariales de los últimos 12 meses.

---

2. *Rentabilidad de los fondos de inversión en España 1991-2007*, página 12, Pablo Fernández *http://papers.ssrn.com/sol3/papers. cfm?abstract_id=1095303*
3. *Price to earning ratio http://es.wikipedia.org/wiki/Price_to_Earnings_ Ratio*

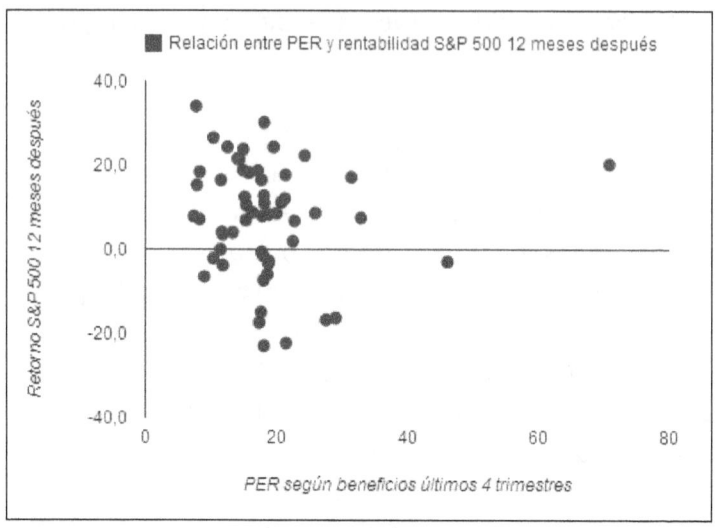

figura 9. 1

Otros analistas prefieren utilizar el llamado PER de Robert Shiller[4], el cual en vez de incorporar sólamente los beneficios de los últimos trimestres, tiene en cuenta la media ajustada por la inflación de los últimos 10 años de beneficios. Pero esta medida de valoración alternativa tampoco informa de lo que hará la bolsa dentro de 12 meses (figura 9.2) o dentro de 5 años (figura 9.3).

---

4. *PER ajustado (CAPE Shiller)* http://www.rankia.com/informacion/per-ajustado-cape-shiller#descripcion

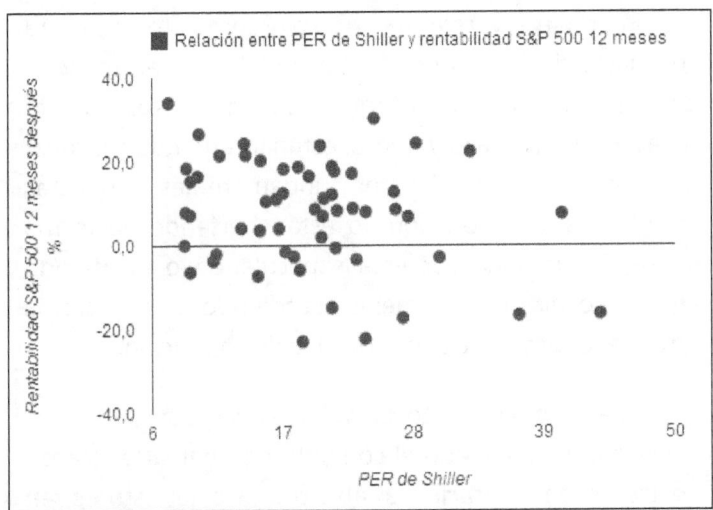

figura 9.2

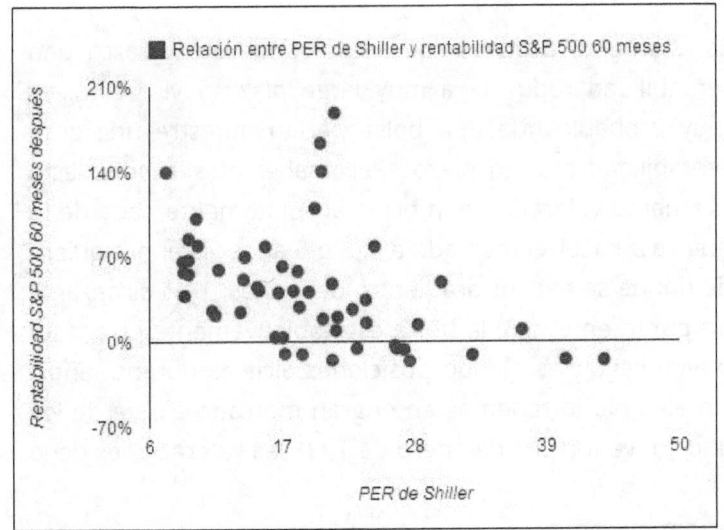

figura 9.3

Curiosamente el inversor medio rota al completo su cartera en un plazo de 3,27 años[5], lo que refleja que en realidad el comportamiento mayoritario de los inversores no está enfocado al largo plazo y que, si están intentando practicar el análisis y la inversión por fundamentales con estas herramientas de valoración, lo están haciendo de forma errónea. Si un operador está especulando o invirtiendo en el medio plazo, hará mejor atendiendo a los factores macroeconómicos que a los criterios de valoración.

A nivel macro el concepto de valor es accesorio y tal vez de mayor interés cuando el conjunto del mercado alcanza un extremo de valoración al alza o a la baja, esto es, en los momentos en que un mercado está extremadamente barato o extremadamente caro.

Es altamente probable que una bolsa cara ofrezca una rentabilidad reducida a muy largo plazo y viceversa, es muy probable que una bolsa barata muestre una gran rentabilidad a largo plazo.. Pero saber que la bolsa está ricamente valorada no informa absolutamente nada de lo que va a hacer el mercado a 1, 3 o 5 años vista; ni siquiera de dónde se encontrará dentro de 7 años. Tras alcanzarse un punto en el que la bolsa está objetivamente cara, ésta puede seguir escalando posiciones alcistas durante años. Un ejemplo lo tenemos en el gran mercado alcista de los años noventa: el 1 de enero de 1996 las valoraciones de la

---

5. *Investors can manage psyche to capture alpha* http://www.dalbar.com/Portals/dalbar/cache/News/PressReleases/pressrelease040111.pdf

bolsa alcanzaron un punto históricamente extremo según el ratio PER -o CAPE- desarrollado por el premio Nobel Robert Shiller(figura 9.4[6]). Este indicador mostraba una lectura de 24,76[7] y el índice S&P 500 abrió el año en los 614 puntos; a pesar de ello las cotizaciones no detuvieron su camino al alza hasta 4 años después, con un S&P 500 marcando récord en 1.553 puntos (figura 9.5) y el propio CAPE de Shiller señalando una lectura de 43,77 puntos en el año 2000. ¿Cuál es el sentido de perderse un retorno del 153% porque un mercado está caro? Las cotizaciones nunca volvieron a los niveles de 1996.

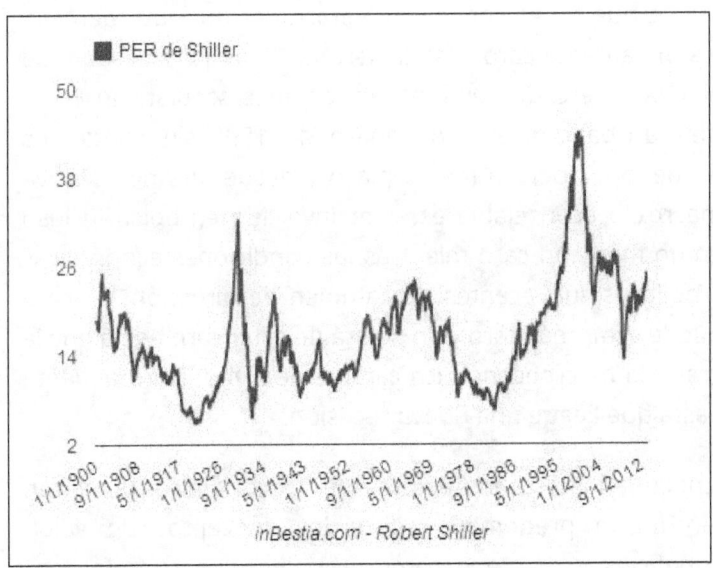

figura 9.4

---

6. *Página web de Robert Shiller* http://www.econ.yale.edu/~shiller/sp/es-home.htm
7. *Fuente PER de Shiller (CAPE)* http://www.multpl.com/shiller-pe

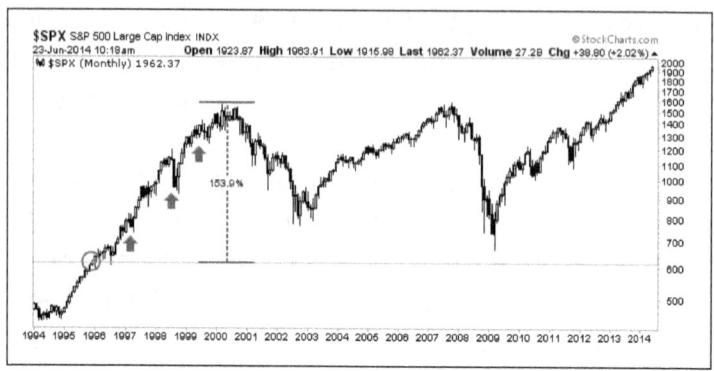

figura 9.5

Puede que tenga sentido no estar dentro de un mercado históricamente caro si se invierte a 10 años vista -aunque el 1 de enero de 2006 las cotizaciones seguían un 103% más arriba que el 1 de enero de 1996 sin contar los dividendos-, pero a medio plazo y desde una perspectiva macro, lo aconsejable es estar invertido en bolsa incluso en un mercado caro mientras las condiciones económicas y políticas subyacentes no cambien de dirección. Lo caro puede estar más caro y no dejará de estar caro hasta que la gran ola macroeconómica cambie de signo. Normalmente hasta que llegue una nueva recesión.

A pocos años vista, los factores macroeconómicos muestran tan fuerte predominio sobre los conceptos de valor, beneficios y márgenes empresariales, que cuando llega una recesión económica la enorme mayoría de compañías sufren severas correcciones bursátiles, incluso si se trata de una de las compañías más amadas por el público y sus beneficios no dejan de crecer[8], como es el caso de Apple Inc. durante la Gran Recesión (figura 9.6).

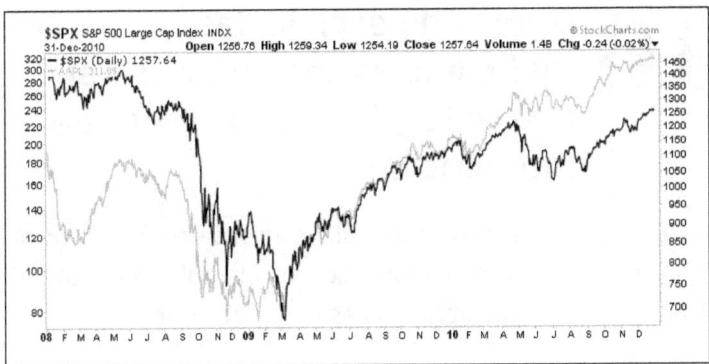

figura 9.6

Es fácil percibir claramente por qué el horizonte temporal de actuación del operador macro es el *medio plazo*, en contraposición al muy largo plazo de los auténticos inversores por fundamentales. Y a medio plazo, lo que tiene mayor impacto sobre las cotizaciones, es el ciclo económico.

---

8. *Resultados financieros Apple Inc.* http://investor.apple.com/results.cfm

10 Operando el ciclo, las ineficiencias secundarias del mercado y las operaciones de momentum

Desde el punto de vista bursátil y en contexto con el ciclo económico tal como hemos visto en el capítulo 4, caben distinguirse tres tipos principales de operaciones:

1) Las operaciones que apuestan por el cambio del ciclo económico-bursátil.

2) Las operaciones de *momentum*[1] o a favor de la tendencia.

3) Las operaciones que aprovechan las ineficiencias secundarias del mercado.

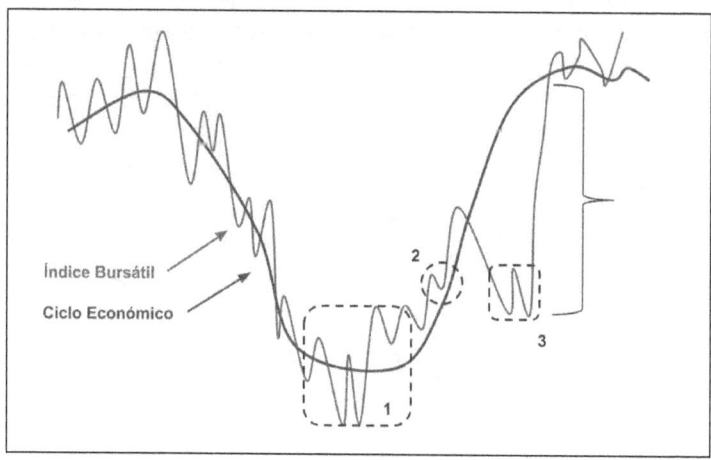

figura 10.1

---

1. Las estrategias de momentum son las que tratan de generar un beneficio apostando a la continuación de la tendencias, alcistas o bajistas.

Las operaciones que apuestan por el cambio del ciclo económico/bursátil -punto 1 en la figura 10.1- son las que se centran en detectar el punto de inflexión que se produce en medio de una recesión, antes de que el ciclo económico se vuelva nuevamente expansivo -o el punto entre *contracción acelerada* y *contracción desacelerada*-. También se incluyen en esta categoría las operaciones que apuestan por el cambio de ciclo económico desde la fase expansiva hacia la fase recesiva. Este tipo de oportunidades se dan cada varios años, ya que los ciclos expansivos, y por tanto las grandes tendencias alcistas bursátiles, suelen tener una duración temporal de entre 3 y 7 años (tabla 10.2). Y los ciclos contractivos junto con las grandes tendencias bursátiles bajistas suelen durar entre 1 y 2 años (tabla 10.3). Este tipo de oportunidades en las que se puede apostar por un gran cambio cíclico son escasas, pero son las más importantes y rentables para el operador que invierte o especula estudiando el ciclo económico.

Comienzo	Final	Duración en meses	Retorno anualizado	Retorno acumulado
01/06/1932	06/03/1937	57	35,4%	324%
28/04/1942	29/05/1946	49	26,1%	158%
13/06/1949	02/08/1956	85	20%	267%
22/10/1957	12/12/1961	50	16,2%	86%
26/06/1962	09/02/1966	43	17,6%	80%
07/10/1966	29/11/1968	26	20%	48%
26/05/1970	11/01/1973	32	23,3%	74%
03/10/1974	28/11/1980	74	14,1%	126%
12/08/1982	25/08/1987	60	26,6%	229%
04/12/1987	16/07/1990	31	21%	65%
11/10/1990	24/03/2000	113	19%	417%
09/10/2002	09/10/2007	60	15%	101%
09/03/2009	*no finalizado*	?	?	?
Media		57	21,2%	164%

tabla 10.2

Comienzo	Final	Duración en meses	Retorno anualizado	Retorno acumulado
07/09/1929	01/06/1932	33	-51,5%	-86%
06/03/1937	28/04/1942	62	-16,3%	-60%
29/05/1946	13/06/1949	36	-10,9%	-30%
02/08/1956	22/10/1957	15	-18,1%	-22%
12/12/1961	26/06/1962	6	-45,7%	-28%
09/02/1966	07/10/1966	8	-31,7%	-22%
29/11/1968	26/05/1970	18	-26%	-36%
11/01/1973	03/10/1974	21	-31,7%	-48%
28/11/1980	12/08/1982	20	-16,9%	-27%
25/08/1987	04/12/1987	3	-77,1%	-34%
16/07/1990	11/10/1990	3	-60,6%	-20%
24/03/2000	09/10/2002	30	-23,3%	-49%
09/10/2007	09/03/2009	17	-44,7%	-57%
Media		21	-35%	-40%

tabla 10.3

Las operaciones de *momentum* o a favor de la tendencia -punto 2 figura 10.1- son todas las operaciones a favor de la tendencia bursátil cuando ésta es alcista y la tendencia macroeconómica es igualmente expansiva (figura 10.4) o, en el caso inverso, todas las operaciones a la baja cuando la tendencia bursátil es bajista y la tendencia macroeconómica es contractiva acelerada. Este tipo de operaciones se pueden plantear con gran frecuencia, ya que lo común es observar que la bolsa sube cuando la tendencia macroeconómica es alcista u observar una tendencia bursátil bajista en medio de una contracción acelerada. Son el tipo de operaciones más frecuentes, pero a cambio son las que ofrecen un ratio de rentabilidad / riesgo más reducido.

figura 10.4

Las operaciones que intentan aprovechar las ineficiencias secundarias del mercado son las que se establecen cuando los precios se desvían considerablemente de la dirección que sigue la tendencia macroeconómica -punto 3 figura 10.1-. Muchas veces, a causa de un shock endógeno o exógeno o por una mezcla de ambos, el mercado bursátil se desvía a la baja (alza) cuando la tendencia macroeconómica expansiva (contractiva) apenas ha sufrido variación. En estos casos, en los que el mercado se desvía considerablemente de lo que sugiere la realidad económica subyacente, se puede hablar de una clara ineficiencia secundaria del mercado en la que los precios no están reflejando lo que deberían. Si se detecta una ineficiencia de este tipo y además se observa que próximamente los precios pudieran converger de nuevo con la realidad macroeconómica, el operador macro puede apostar por el cierre de esta divergencia (figura 10.5). Este tipo de oportunidades son más frecuentes que las operaciones que apuestan por el cambio de ciclo, pero bastante menos frecuentes que las operaciones de *momentum*.

figura 10.5

Estos tres tipos de operaciones son los que vamos a analizar en profundidad en la sección V. de este libro. Pero antes debemos aprender algunos conceptos importantes como el análisis técnico contextualizado (sección III.) y la psicología de mercado (sección IV.).

III
Análisis Técnico Contextualizado

"

Debo decir que los gráficos ayudan a aquéllos que saben interpretarlos o, más bien, a aquéllos que pueden asimilar lo que leen. Sin embargo, el observador medio de gráficos tiende a obsesionarse con la idea de que los techos, suelos y los movimientos primarios y secundarios son todo lo que compone la especulación. Si fuerza esta idea más allá del límite lógico acabará quebrado.

Jesse Livermore

"

11 Tendencia macroeconómica y tendencia de precios

La bolsa y el ciclo económico riman. En un ciclo expansivo la bolsa tiende a subir. Llega la recesión y la bolsa desciende. La recesión alcanza su máxima virulencia y la bolsa forma un suelo. Esto ocurre con cierta precisión pero, por supuesto, no es una relación de identidad como muestra la figura 11.1, en la que podemos ver la evolución del índice bursátil S&P 500 y la media de 4 semanas del número de peticiones de seguros de desempleo -invertida por motivos didácticos-.

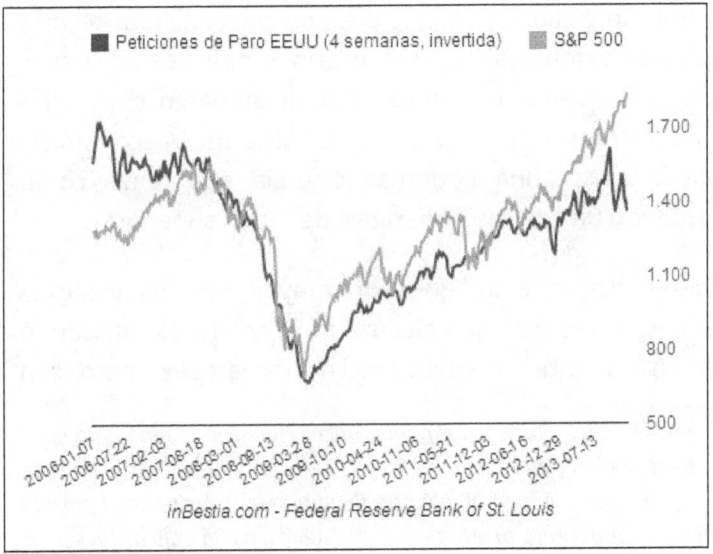

Figura 11.1

El análisis técnico puede prestar un útil servicio para ayudarnos a interpretar los movimientos bursátiles con respecto a la tendencia macroeconómica. Así, cuando nos encontramos ante un doble suelo detectado en el Ibex 35 tras un considerable retroceso del índice bursátil en medio de una tendencia macroeconómica expansiva, suele ser una excelente oportunidad para especular al alza. O bien, en otro ejemplo diferente, puede que nos encontremos con una zona de resistencia reciente que ha sido definitivamente superada. ¿Deberíamos confiar y apostar a favor de ese breakout[1] alcista? La respuesta: depende de la situación macroeconómica.

Aunque son muchos los operadores en los mercados financieros que prefieren circunscribir su campo de actuación al análisis técnico, en mi opinión, esta técnica utilizada de forma aislada rara vez rinde los frutos suficientes que justifiquen su uso en solitario. Sin embargo, si se utiliza esta herramienta junto con el análisis macroeconómico, puede surgir una poderosa sinergia que tenga como resultado un análisis y operativa de orden superior.

Tan cierto es esto, que son muy pocos los gestores profesionales que han alcanzado la excelencia utilizando exclusivamente el análisis técnico chartista[2], pero son

---

1. Breakout: o "rotura" en español. Hace referencia al momento en el que los precios de un activo o índice "rompen" al alza o a la baja un rango bien definido en el que han fluctuado los precios en el pasado reciente. Una rotura al alza de una resistencia o a la baja de un soporte es un breakout.

2. Análisis técnico chartista: uno de los dos estilos principales de análisis técnico que consiste en la observación subjetiva de patrones en los gráficos de un activo o índice. En contraposición, el análisis técnico cuantitativo intenta establecer operaciones siguiendo patrones objetivos.

muchos los que gestionan miles de millones combinando el análisis fundamental o macroeconómico junto con el análisis técnico. Estamos hablando de leyendas como Paul Tudor Jones[3], Stanley Druckenmiller[4]? o Scott Ramsey[5]?.

Partiendo de la premisa de que la tendencia macro y los precios riman, el objetivo es interpretar continuamente la fluctuación de las cotizaciones bursátiles con respecto a esa tendencia macroeconómica. Un patrón técnico por sí mismo no tiene significado alguno, pero sí lo tiene cuando confirma o niega lo que la tendencia macro sugiere qué es más probable. En la imagen 11.2 se representa el índice S&P 500 junto con una idealización de la tendencia macroeconómica. Ésta, por su propia naturaleza, se dirige suavemente al alza durante la fase de contracción desacelerada y durante la fase de expansión económica -en resumen, tendencia macro alcista- . Y se dirige gradualmente a la baja durante la fase de contracción acelerada -tendencia macro bajista- (figura 11.3).

---

3. *Paul Tudor Jones: el arte del trading agresivo* http://inbestia.com/blogs/post/paul-tudor-jones-el-arte-del-trading-agresivo.
4. *Stanley Druckenmiller* http://www.bloomberg.com/news/2010-08-18/druckenmiller-calls-it-quits-after-30-years-as-hedge-fund-job-gets-tougher.html.
5. *Scott Ramsey, Hedge Fund Market Wizards capítulo 4* http://goo.gl/arHwuS.

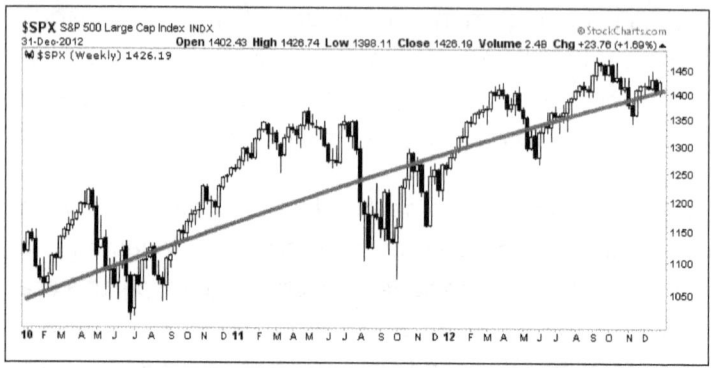

Figura 11.2

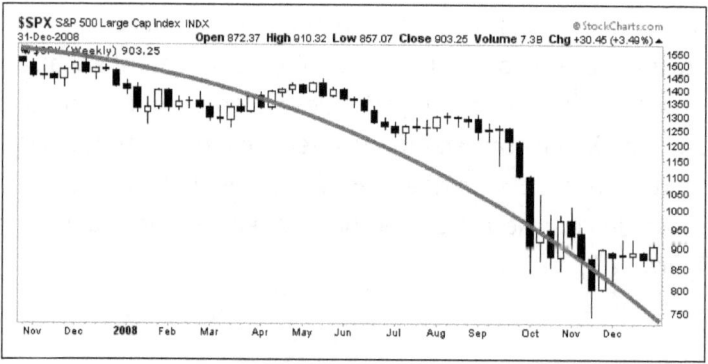

Figura 11.3

Generalmente, la fluctuación de los precios se produce en torno a la tendencia macroeconómica del momento. Cuando los precios ascienden en medio de una tendencia macro alcista, lo probable es que sigan su marcha sin grandes interrupciones. Cuando los retrocesos bursátiles de mayor magnitud llegan, no es el momento de ponerse bajista si la tendencia macro continúa siendo alcista, sino de seguir buscando oportunidades al alza porque la tendencia macro sigue sugiriéndonos que las probabilidades están al alza. En todo caso, en ciertas ocasiones puede ser recomendable realizar movimientos tácticos para no estar expuestos al mercado, pero oponerse a la marea macroeconómica suele ser un juego perdedor. El operador macro utiliza el análisis técnico para definir cuándo entrar y salir de una operación, pero la información de qué lado del mercado favorecer -alcista o bajista- siempre dependerá de lo que indique la tendencia macroeconómica. Siguiéndola correctamente se está especulando a favor de las probabilidades ganadoras. Operar sin tenerla en cuenta es apostar ciegamente.

La idea de que los precios fluctúan alrededor de la tendencia macro no es una sugerencia de que los precios apenas se desvían de dicha tendencia; a veces las cotizaciones pueden desplomarse un 20% durante una tendencia macro alcista y, aún así, se trataría de una mera corrección. A pesar de que pueden darse violentas desviaciones al alza o a la baja en el muy corto plazo, las desviaciones en contra de lo que sugiere la tendencia macroeconómica no suelen suponer un gran coste de oportunidad para el operador que decide seguir posicionado según lo que dicta su análisis macroeconómico o, dicho de otro modo, los movimientos correctivos tienden a resolverse rápidamente. Tomemos como ejemplo la fuerte corrección bursátil que tuvo lugar en la bolsa de EEUU durante el verano de 2011 (figura 11.4):

Figura 11.4

Aquella corrección bursátil tuvo lugar por causas puramente psicológicas. De forma repentina, muchos operadores temieron que la bajada de rating de la deuda de Estados Unidos - desde el grado AAA hasta AA+ por parte de Standard & Poors - en agosto de ese año[6]? desencadenase una nueva crisis financiera. Después de dos meses de corrección, el 4 de octubre las bolsas norteamericanas formaron suelo y sólo 5 meses después ya estaban cotizando en máximos. Todos estos eventos tuvieron lugar sin que la tendencia macroeconómica variara de expansiva a contractiva, tal y como muestra el más importante de los datos económicos: el empleo (figura 11.5).

---

6. *La agencia de calificación Standard & Poor´s rebaja el "rating" de EEUU* http://www.elmundo.es/america/2011/08/06/economia/1312590842.html.

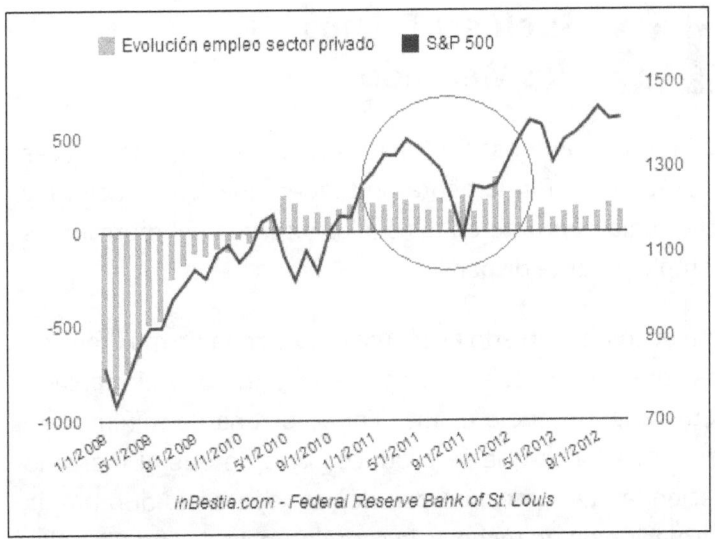

Figura 11.5

12 Suelos y Techos del Mercado

A la hora de observar las cotizaciones de los índices bursátiles es fundamental entender que la estructura y psicología operante en los suelos y techos del mercado es completamente dispar.

Un techo de mercado es un máximo o zona de máximos en las cotizaciones que se produce antes de que el mercado retroceda. Un suelo es un mínimo o zona de mínimos en las cotizaciones que se produce antes de que el mercado ascienda. La emoción psicológica operante durante la formación de un techo es la complacencia. Cuando la bolsa sube, siendo la mayoría de operadores *sólo compradores* que nunca se posicionan *a la baja*[1], se puede decir que casi todo el mundo está satisfecho e incluso que predomina un estado de avaricia en la que todos desean más ganancias. En esta fase las cotizaciones oscilan suavemente ya que

---

1. En bolsa se puede especular al alza o a la baja. En el primer caso el resultado de una operación es el resultado entre la compra y la venta (C-V=R) mientras que en el segundo caso es el resultado entre la venta y la compra (V-C=R). La operativa a la baja o venta a corto, se puede llevar a cabo con acciones, ETFs o instrumentos derivados. En el caso de las acciones y ETFs es necesario pedir prestado los títulos (y pagar un interés por ese préstamo) antes de venderlas; luego, con un beneficio o una pérdida las acciones se recompran y se devuelven al propietario original. La operativa a la baja con instrumentos derivados es más eficiente, ya que no es necesario pedir... ...prestado instrumento alguno, sino simplemente encontrar un operador que nos de contrapartida. http://es.wikipedia.org/wiki/Venta_corta

la avaricia es una emoción de desarrollo relativamente lento. Debido a la fuerte complacencia predominante tras un alza bursátil, un movimiento de este tipo no finaliza repentinamente, sino que suele hacerlo tras un techo en forma de "ΛΛΛΛ" como sugiere la figura 12.1.

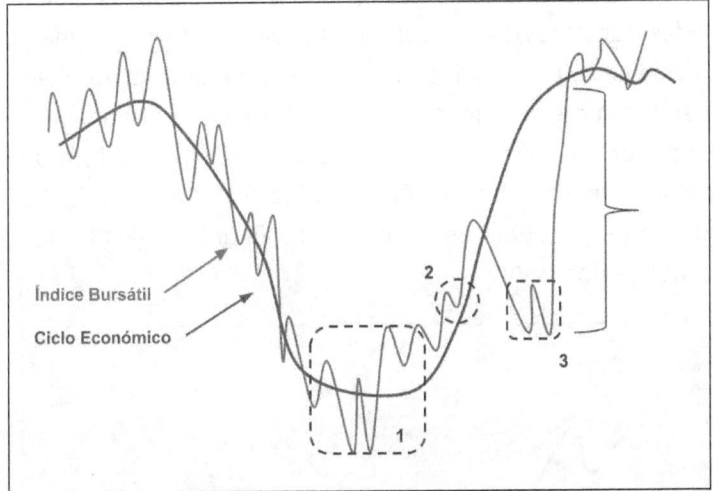

figura 12.1

Sin embargo, en los suelos del mercado predominan otras emociones bien distintas: principalmente el miedo y a veces el pánico. La mayoría de operadores bursátiles, que como sabemos tienden a ser sólo compradores y por tanto sólo alcistas, al principio de una corrección no sienten especial preocupación; de hecho, suelen sentir esperanzas de que la pequeña corrección finalice pronto. Pero esos pequeños retrocesos prosiguen su camino a la baja y donde los operadores antes sentían complacencia y luego esperanza, ahora sienten miedo y, cuando las caídas se intensifican aún más, el miedo se convierte en pánico;

repentinamente una gran mayoría de operadores se encuentra en una situación muy incómoda en la que están perdiendo dinero, lo cual genera ansiedad que se refuerza con mayores dosis de estrés a medida que las caídas no dejan de sucederse. A diferencia de los techos del mercado, donde las oscilaciones de las cotizaciones son suaves, en las caídas bursátiles las oscilaciones son violentas y repentinas. Lo relevante de esta fase rápida del mercado, es que los suelos también se forman de manera veloz, alguna vez formando una estructura sencilla de giro tipo "V" o, muy frecuentemente, con una figura doble "VV" (figura 12.2). Lo que no es frecuente es observar una figura de giro al alza compleja tipo "VVVV".

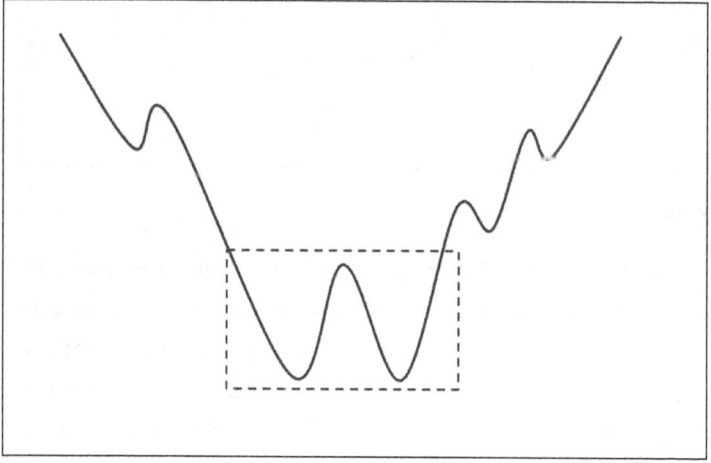

figura 12.2

Una metáfora que puede ayudar a explicar las diferentes emociones que operan en un escenario u otro y, consecuentemente los diferentes ritmos a los que fluctúa el mercado en los techos y los suelos, es comparar lo que sentimos cuando nos encontramos en un momento de descanso o gozo, como puede ser cuando estamos disfrutando de un día soleado en la playa, y lo que sentimos cuando estamos a punto de ser atropellados. En el primer y apacible caso, nuestras reacciones son parsimoniosas y respondemos a la realidad que nos rodea con tranquilidad. En el desagradable segundo supuesto, todo nuestro organismo se centra en un problema -el coche que viene de frente- y lucha por apartarse rápidamente de la trayectoria del vehículo. Cuando el peligro pasa seguimos convulsionados durante un tiempo, pero nada más librarnos del atropello sabemos que el peligro ha quedado atrás. La bolsa como fenómeno humano está sujeta a las mismas emociones que rigen las demás áreas de nuestra vida y por ello el resultado final es que el mercado presenta una fuerte asimetría en su comportamiento según se hable de un techo o de un suelo. A diferentes emociones, distintas situaciones de mercado. A diferentes situaciones, distintos los métodos de análisis y tácticas operativas a aplicar.

Puede que esta explicación parezca obvia o redundante, pero es necesario ser plenamente conscientes de estos matices porque tienen importantes implicaciones operativas. En los techos del mercado, donde se producen varias fluctuaciones antes de la caída definitiva de los precios, intentar posicionarse bajista en un punto alto - por ejemplo el punto "b" en la figura 12.3 - es una invitación a desarrollar una operativa de baja fiabilidad porque es prácticamente imposible saber si "b" será el punto alto definitivo, o si lo será "c" o "d". El riesgo de intentar *vender a corto*[2] con demasiada antelación en los techos del mercado es que los punto "c" o "d" sean más altos que "b" y que nuestra operación entre en pérdidas o *el stop loss*[3] se ejecute. Por este motivo, es más prudente mostrar una actitud reactiva y esperar a que la estructura de techo empiece a romper a la baja la zona de soporte para empezar a vender en el punto "e".

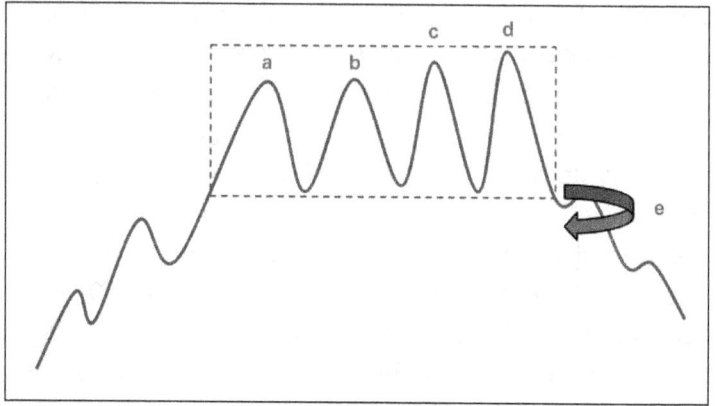

figura 12.3

Sin embargo, en los suelos del mercado hay que actuar de otra manera. Éstos tienden a desarrollarse en un corto espacio de tiempo y, por tanto, hay que estar dispuestos a entrar en el mercado en el primer o segundo giro de las cotizaciones, si es que el operador cree que las probabilidades se encuentran al alza porque la tendencia macro así lo sugiere (figura 12.4). El riesgo de no actuar rápidamente en los primeros giros al alza de las cotizaciones

---

2. Vender a corto es sinónimo de posicionarse bajista.
3. El stop loss puede ser una orden condicional en la que el broker ha de cerrar una posición abierta si se traspasa cierto nivel (hard stop loss) o un nivel a partir del cual el operador cancelará total o parcialmente su posición abierta (soft stop loss).

durante un suelo del mercado, es que éstas continúen subiendo rápidamente y no hayamos sido capaces de estar dentro desde un momento temprano.

Los techos y suelos no son iguales en su estructura y por tanto lo más correcto es practicar tácticas operativas diferentes. Pero esto no es todo. La detección de esos patrones de giro del mercado son dependientes de la tendencia bursátil en la que se generan. En una tendencia alcista detectar un techo es una tarea de baja eficacia y rentabilidad, así como lo es detectar suelos durante una tendencia bajista. Sin embargo, detectar suelos durante una tendencia alcista tiene sentido ya que se aúnan probabilidades de acierto y de extensas ganancias. Lo mismo ocurre para la detección de techos durante una tendencia bajista.

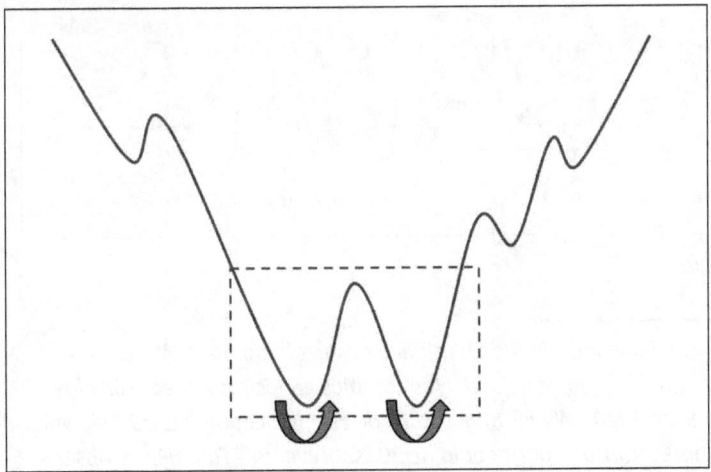

figura 12.4

En la figura 12.5 podemos observar la evolución del índice S&P 500 y el popular indicador técnico RSI[4], el cual teóricamente señala puntos de *sobrecompra* cuando supera el nivel del 70% y *sobreventa* cuando desciende del 30%. Si se siguiera al pie de la letra la teoría de este indicador, el resultado final sería bastante pobre: en un mercado alcista acabaríamos *posicionándonos bajistas* múltiples veces para descubrir que esas señales casi nunca tienen significado real.

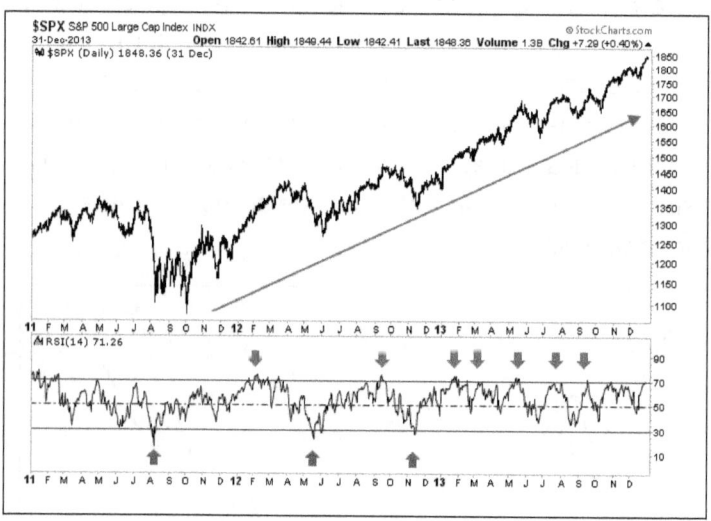

figura 12.5

---

4. RSI: indicador de fuerza relativa desarrollado por J. Welles Wilder que mide la velocidad y los cambios en los movimientos de los precios. Según Wilder una lectura de este indicador sobre 70 significa "sobrecompra" y por debajo de 30 "sobreventa". También se observa este indicador para detectar divergencias entre el mercado o activo y el propio indicador. http://stockcharts.com/school/doku.php?id=-chart_school:technical_indicators:relative_strength_in

El mayor error que puede cometer un operador es utilizar indiscriminadamente un indicador técnico para detectar suelos y techos ignorando en qué tendencia se encuentra. De hecho, es el mayor error y también el más frecuente.

Un operador 100% técnico utilizará otras herramientas técnicas para establecer cuál es la tendencia presente. Sin embargo, un operador macro que usa determinadas herramientas técnicas en contexto con su análisis de la situación económica utilizará los indicadores técnicos de una manera u otra, dependiendo de si se está en una tendencia macro bajista -contracción acelerada- o en una tendencia macro alcista -fases de contracción desacelerada y expansión económica-. En una tendencia macro alcista casi todas las señales alcistas del RSI funcionarán, pero la mayoría de las señales bajistas serán erróneas; y en una tendencia macro bajista, las señales bajistas del indicador deberían ser más fiables que en el primer caso y las señales alcistas fallarán estrepitosamente.

13 Claudicaciones

Un tipo especial de suelo bursátil que merece mención aparte son las llamadas claudicaciones. Tras un fuerte retroceso o un crash, una gran cantidad de alcistas tiran la toalla y se dan por vencidos vendiendo una gran cantidad de acciones en medio de una situación de gran incertidumbre. Esta venta acelerada de un gran volumen de títulos suele coincidir con claros suelos bursátiles de medio y largo plazo. Estos suelos producidos en medio de un elevado nivel de pesimismo se denominan claudicaciones de mercado. No hace falta señalar su importancia, ya que suelen ser el comienzo de prometedores mercados alcistas.

Hay varios indicadores que nos permiten medir con cierta precisión estos momentos de pánico, pero dos son los principales: el que denomino Indicador de *Claudicación*[1] y el *Ratio 50/150*[2].

Se entiende que el Indicador de Claudicación genera una señal cuando un índice bursátil se desvía un 10% a la baja con respecto a su media de 50 sesiones (figura 13.1). Históricamente -como muestra la figura 13.2-, estos eventos donde el conjunto del mercado cae tanto y tan rápido son infrecuentes.

---

1. Desviación cotización S&P 500 de su media de 50 sesiones http://www.indexindicators.com/charts/none-vs-sp500-50d-rsma-params-3y-x-x-x/
2. Ratio 50/150 http://stockcharts.com/h-sc/ui?s=$SPXA50R:$SPXA150R&p=D&yr=2&mn=0&dy=0&id=p36784548817

figura 13.1

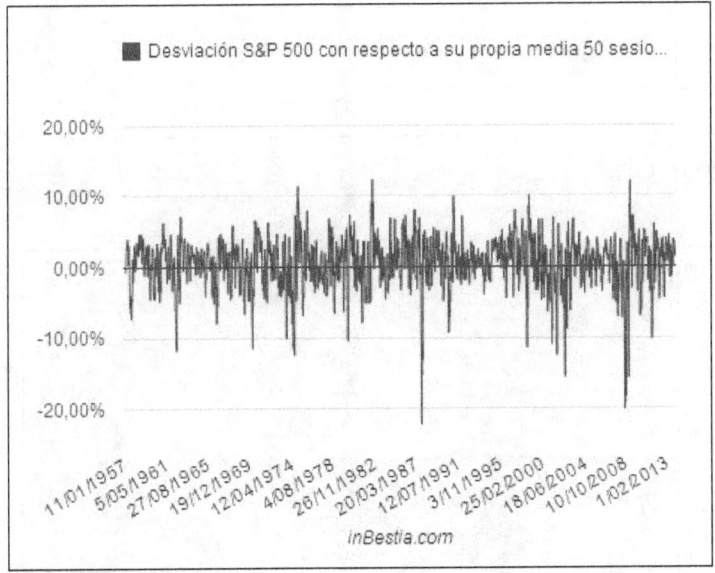

figura 13.2

Estos escasos puntos de claudicación históricamente han coincidido con muchos suelos de largo plazo tras mercados bajistas de meses o años de duración, o con suelos significativos de medio plazo -aparte de muy pocas señales erróneas-.

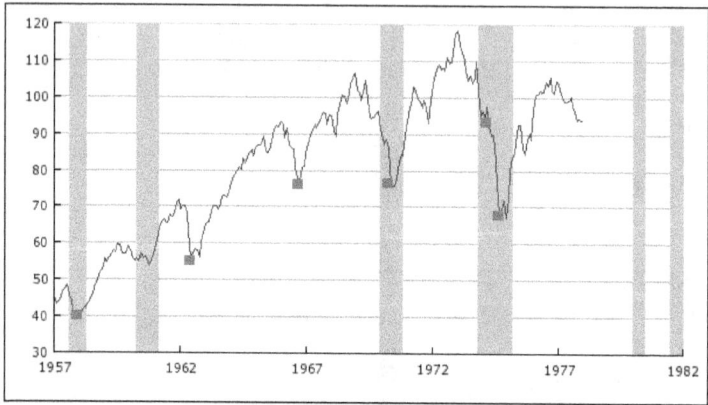

figura 13.3

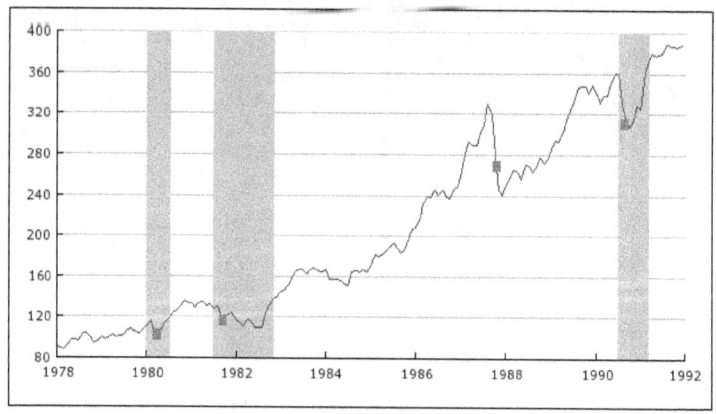

figura 13.4

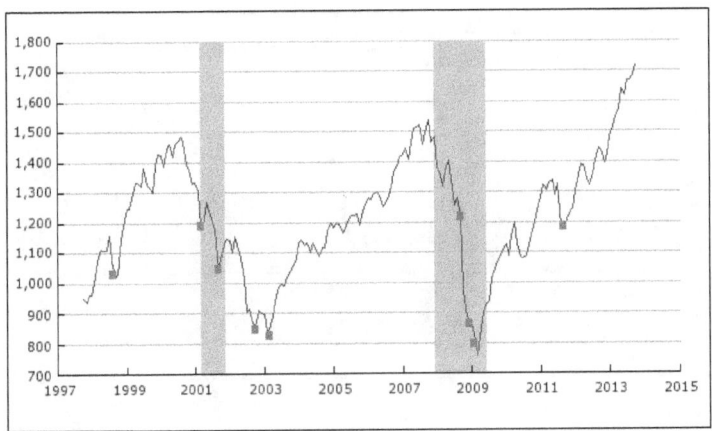

figura 13.5

Por otro lado, el indicador de claudicación Ratio 50/150 (figura 13.6), que es simplemente el ratio resultante de dividir el porcentaje de acciones componentes de un índice que se encuentran sobre su media de 50 sesiones entre el número de acciones que se encuentran sobre su media de 150 sesiones, es extraordinariamente útil para detectar las grandes claudicaciones, aquéllas que a la vez son las mejores oportunidades históricas para comprar renta variable.

Evidentemente, cuando pocas acciones se encuentran sobre estas medias, significa que el mercado es bajista y, cuando son extremadamente pocas, significa que el mercado está claudicando. La experiencia muestra que cuando este ratio desciende de 0,25 se puede decir con seguridad que el mercado se encuentra en una fase de pánico y que, probablemente, un suelo de largo, o al menos de medio plazo, está por formarse.

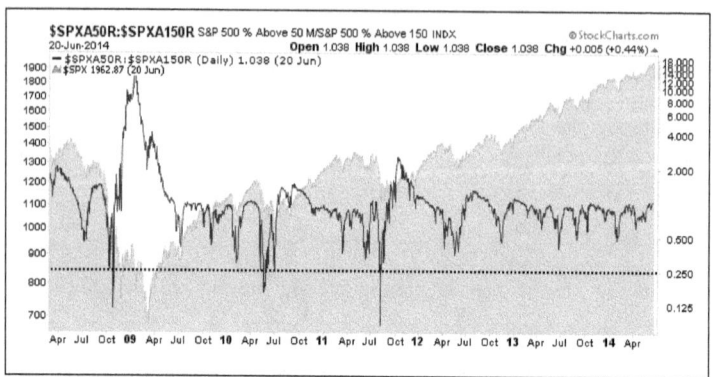

figura 13.6

El concepto de claudicación o pánico bursátil es importante. Primero, porque existen y así hay que reconocerlo. Segundo, porque suelen ser las mejores oportunidades para dejar de estar posicionados a la baja, e incluso posicionarse al alza para aprovechar el nuevo mercado alcista. Tercero, porque es fundamental entender que una claudicación genera un daño psicológico enorme entre los operadores, que quedan impactados mucho tiempo después de que este tipo de eventos bajistas se produzca. Y a pesar de ello, tras toda claudicación -o casi- nace un nuevo mercado alcista o, en el peor de los casos, se genera un gran rebote en las cotizaciones.

14 Dobles suelos y dobles techos

Figuras técnicas chartistas hay muchas: dobles suelos, hombro-cabeza-hombros[1], canales, banderas[2], diamantes[3], rectángulos[4] y un largo etcétera. De todas ellas hay una amplia bibliografía. Y de todas ellas, la que tiene una mayor importancia es el doble suelo o el doble techo. Incluso muchos de los operadores que jamás tienen en cuenta los gráficos de cotizaciones, admiten que las figuras dobles tienen sentido.

Cuando el mercado retrocede es normal que haya múltiples rebotes, ya que una tendencia bajista no se desarrolla de forma lineal como muestra la figura 14.1.

---

1. *Hombro cabeza hombro* http://www.abanfin.com/?tit=analisis-formaciones-chartistas-acciones-analisis-tecnico-formaciones-chartistas-iv&name=Manuales&fid=gg0bcal#Hombro Cabeza Hombro
2. *Banderas* http://www.abanfin.com/?tit=analisis-formaciones-chartistas-acciones-analisis-tecnico-formaciones-chartistas-x&name=Manuales&fid=gg0bcar#Bandera
3. *Diamantes* http://www.abanfin.com/?tit=analisis-formaciones-chartistas-acciones-analisis-tecnico-formaciones-chartistas-vii&name=Manuales&fid=gg0bcao#Diamante
4. *Rectángulos* http://www.abanfin.com/?tit=analisis-formaciones-chartistas-acciones-analisis-tecnico-formaciones-chartistas-xi&name=Manuales&fid=gg0caas

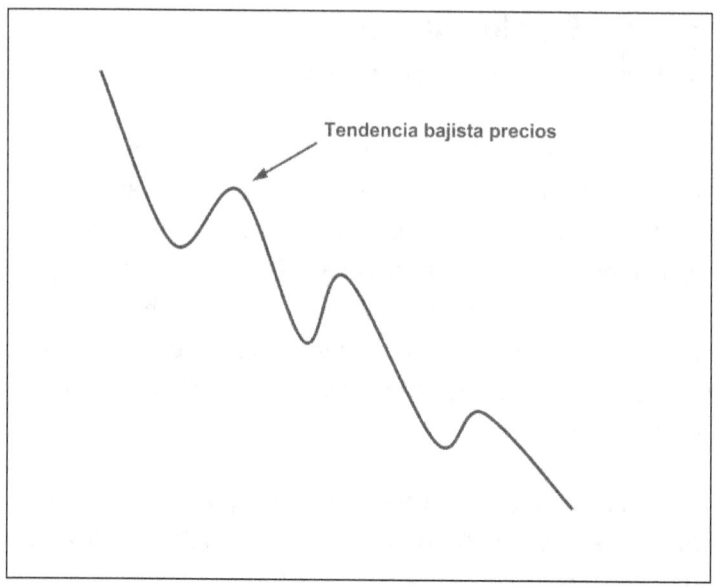

figura 14.1

Así, cuando asistimos a una tendencia bajista en la que de repente se produce un movimiento al alza, muchos operadores lo perciben como un rebote más. Al fin y al cabo, ¿qué les podría hacer pensar lo contrario? Y, de hecho, en casi todas las ocasiones en las que se produce un alza durante un descenso generalizado de los precios, el mercado suele retomar el camino bajista hasta que las cotizaciones llegan a la zona del anterior mínimo como muestra la figura 14.2.

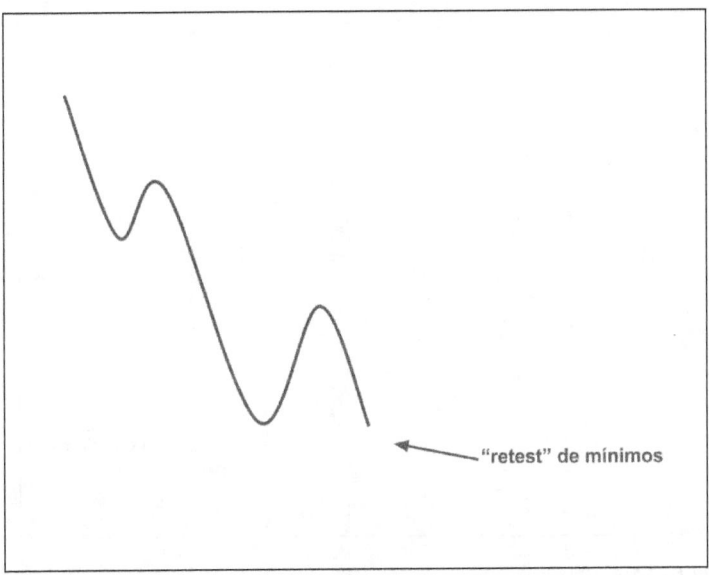

figura 14.2

En ese preciso momento se habla de que el mercado está *retesteando* mínimos ya que muchos operadores evaluarán lo que ahí ocurre. Si los precios no logran mantenerse y no comienzan a rebotar, se dice que el *retest* es fallido y los precios continúan descendiendo. Pero si las cotizaciones se mantienen e inician un giro al alza -aunque sea ligero- (figura 14.3) muchos operadores percibirán que en ese punto existe fuerza compradora y se sumarán tempranamente al movimiento, reforzando aún más la presión alcista y provocando un *rally bursátil*.

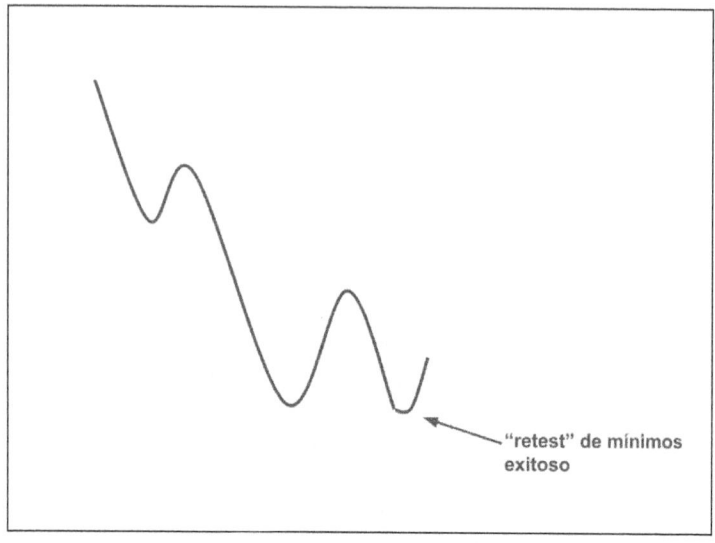

figura 14.3

Esta es la sencilla lógica con la que muchos operadores funcionan, y lo cierto es que muchos movimientos correctivos de la bolsa llegan a su fin con la formación de este patrón. Tiene sentido, casi nadie quiere comprar en el primer rebote porque no se sabe si es el verdadero punto de partida de un nuevo movimiento alcista, aunque se sepa que los suelos son de formación rápida. Por ello, hay una gran expectación en el nivel de *retest* y si se confirma ligeramente la expectación alcista, aunque sea de la forma más ligera, muchos operadores se sumarán a las alzas porque ahora tienen mayor seguridad de que pueden estar ante un punto de inflexión en las cotizaciones.

No es casualidad que este patrón no sólo se forme tras muchas correcciones menores, sino que sea visible tras muchos *crash* bursátiles o momentos de claudicación de los alcistas.

Figura 14.4, Ibex 35 presenta un doble suelo que es el punto de inflexión entre el mercado bajista de 2010-2012 y el mercado alcista de 2012-presente:

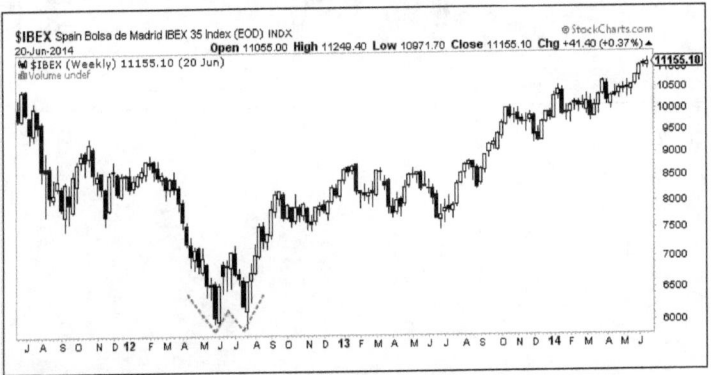

Figura 14.4

Figura 14.5, S&P 500. Tras el crash del verano de 2011, se formó un doble suelo en pocos días. Un doble suelo tras un crash bursátil no necesariamente es el último mínimo, pero su presencia indica que todo el potencial bajista está consumido y que más pronto que tarde se iniciará un nuevo movimiento alcista:

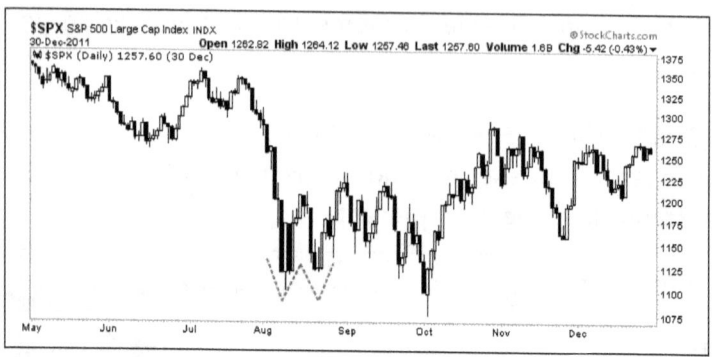

Figura 14.5

15 Figuras a favor de la tendencia macroeconómica

Si todos los patrones que forman las cotizaciones los analizamos en contexto con la tendencia macroeconómica, entonces cabe hacer una distinción entre los patrones que indican que los precios van a continuar fluctuando a favor de la tendencia macro y los patrones que indican que los precios van a tomar un camino divergente de la tendencia macroeconómica.

En el caso las figuras que indican que las cotizaciones seguirán su camino durante un mercado alcista, los patrones pueden ser dobles suelos, hombro-cabeza-hombros invertidos[1], rectángulos, canales descendentes con implicaciones alcistas y, en general, cualquier figura conocida de vuelta o de consolidación. Y lo mismo ocurre, pero en sentido inverso, con las figuras de continuación durante un mercado bajista: encontraremos dobles techos, hombro-cabeza-hombros regulares, rectángulos quebrados a la baja y canales ascendentes con implicaciones bajistas entre otros.

Estos patrones a favor de la tendencia macro hay que operarlos decididamente, ya que si el análisis macroeconómico es correcto, las probabilidades de acertar

---

1. *Hombro-cabeza-hombro invertido* http://www.abanfin.com/?tit=analisis-formaciones-chartistas-acciones-analisis-tecnico-formaciones-chartistas-iv&name=Manuales&fid=gg0bcal#Hombro Cabeza Hombro Invertido

en la operación son muy elevadas. Si se detecta una figura de doble suelo durante una tendencia macroeconómica alcista -ciclo económico expansivo o en contracción desacelerada-, hay que apostar por ese doble suelo. En la figura 15.1 se muestra un ejemplo figurativo donde la tendencia macroeconómica es expansiva y, a la vez, los precios han estado escalando posiciones. Sin embargo, ya que las cotizaciones no ascienden o descienden de forma lineal, en nuestro ejemplo hemos señalado que los precios empiezan a consolidar durante varios días formando lo que se conoce como un canal bajista con implicaciones alcistas. Esta es una figura clásica de consolidación, que una vez superada indica que la tendencia previa seguirá su marcha.

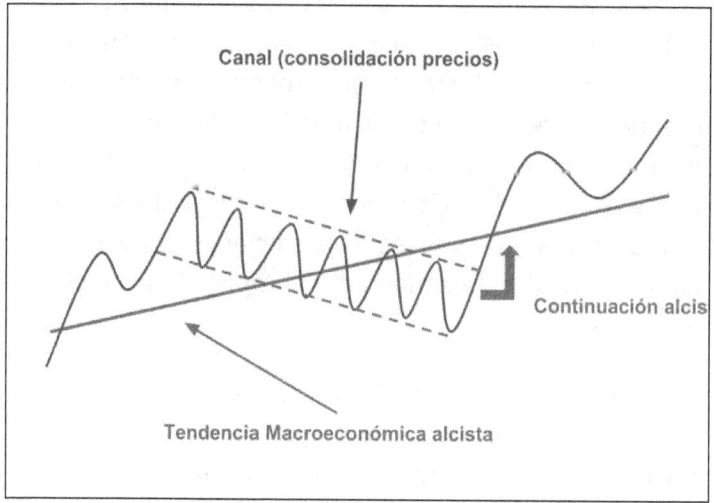

figura 15.1

Si esta es una figura clásica de consolidación que suele indicar que, una vez superada la resistencia, los precios van a continuar, ¿para qué necesitamos conocer la tendencia macroeconómica? ¿Por qué simplemente no seguimos lo que nos indican los precios?

La razón es que este tipo de figuras observadas de forma aislada, por su puro aspecto técnico, apenas tienen más probabilidades ganadoras que el lanzamiento al aire de una moneda. La auténtica ventaja, o las altas probabilidades ganadoras, vienen de entender cuál es la tendencia económica, cuál es la gran marea de datos macroeconómicos que arrastran las cotizaciones al alza o a la baja con mayor probabilidad en el medio plazo. Una metáfora podría ser la observación de las olas en la playa. Si durante un sólo parpadeo mirásemos lo que hace una ola, ¿eso ya nos bastaría para saber si la próxima romperá más arriba o más abajo? Desde luego que no. Lo mismo ocurre con la observación de los patrones técnicos de forma aislada. Para saber dónde romperán las próximas olas, es mucho más importante estudiar el ciclo de las mareas.

Por otro lado, la verdadera utilidad de la observación técnica del mercado es que nos permite encontrar puntos muy precisos de entrada como la rotura al alza de la consolidación señalada en la figura 15.1. Además, nos ayuda a saber cuándo nos hemos equivocado y, por tanto, en qué momento debemos salirnos de la posición como indica la figura 15.2.

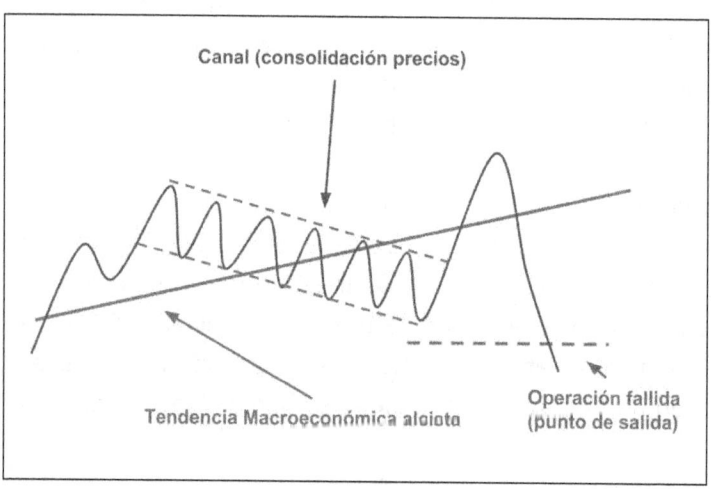

figura 15.2

El análisis técnico, en contexto con la tendencia macroeconómica, nos sirve para encontrar puntos precisos de entrada y salida con sentido fundamental. Nos ayuda a gestionar las operaciones y el riesgo de nuestras decisiones. El análisis macro nos indica qué lado del mercado favorecer, pero es el análisis técnico el que nos dice cuándo y hasta dónde. Es apropiado comprar cuando así lo señala la tendencia macroeconómica y el análisis de las cotizaciones, pero es un completo error ser alcista contra viento y marea si, por ejemplo, la tendencia macro es alcista pero las cotizaciones insisten en romper a la baja.

De esta manera el análisis técnico nos ayuda a interpretar y operar tácticamente lo que nuestra estrategia macroeconómica sugiere como más probable.

16. Figuras en contra de la tendencia macro

Lo frecuente durante una tendencia macroeconómica ascendente -economía en expansión o en contracción desacelerada- es observar patrones técnicos de continuación de la tendencia alcista. Y durante una tendencia macro descendente -contracción económica acelerada- lo usual es observar patrones técnicos de continuación de la tendencia bajista.

Pero los precios fluctúan y a veces los patrones aparentan contradecir lo que la tendencia macroeconómica sugiere cómo se muestra en la figura 16.1. El hombro-cabeza-hombro es una conocida figura que, cuando se forma, sugiere que los precios están a punto de cambiar de tendencia. Esta información de cambio de tendencia se confirma cuando las cotizaciones cruzan la llamada línea de cuello del patrón, nunca antes.

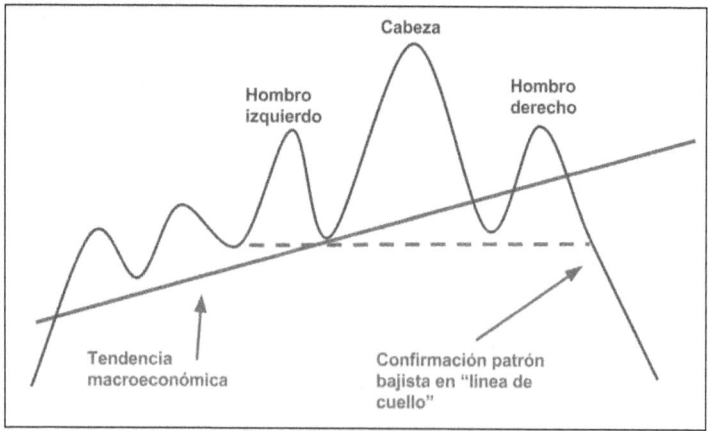

Figura 16.1

En estas situaciones donde hay una fuerte discrepancia entre lo que la estrategia general sugiere hacer -estar posicionados al alza- y lo que a corto plazo señala el mercado, se resuelven tomando decisiones tácticas. En el caso del ejemplo, suponiendo que hablamos de un gran hombro-cabeza-hombro que se ha formado durante varias semanas, lo prudente es salirse del mercado. Seguir el ciclo económico o la tendencia macro es apostar por las probabilidades, pero no tiene sentido estar comprado o vendido en todo momento si los precios parecen indicar lo contrario.

17 Figuras canceladas y los puntos bisagra

Hay figuras o patrones a favor de la tendencia macroeconómica y figuras en contra. Detectar unas u otras sugiere diferentes planteamientos tácticos. Pero los precios no siempre se comportan de forma tan pura en la que los patrones técnicos funcionan a la perfección. Es altamente frecuente, por ejemplo, que un patrón técnico bajista en medio de una tendencia macroeconómica alcista empiece a confirmarse para, al poco tiempo, ver como su evolución bajista se detiene y los precios vuelven sobre la línea de confirmación. En la figura 17.1 hemos representado la misma situación que en la figura 16.1, pero en este caso el patrón de *hombro-cabeza-hombro*, que se confirmó tras romper a la baja la *línea de cuello*, se ha cancelado cuando los precios han vuelto sobre esa misma línea. Aunque parezca un juego de palabras, cuando observamos una situación como esta se dice que *la confirmación del patrón ha sido cancelada.*

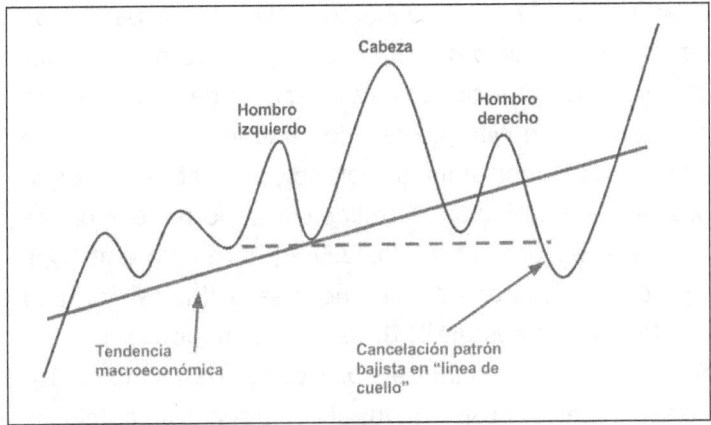

figura 17.1

Estos eventos son de capital importancia, más de la que pudiera parecer, porque un patrón bajista que en un principio aparenta funcionar correctamente pero que se cancela al poco tiempo, es una fuerte señal alcista. El punto de compra exacto más apropiado en nuestro ejemplo es en el que los precios vuelven al alza sobre la *línea de cuello*.

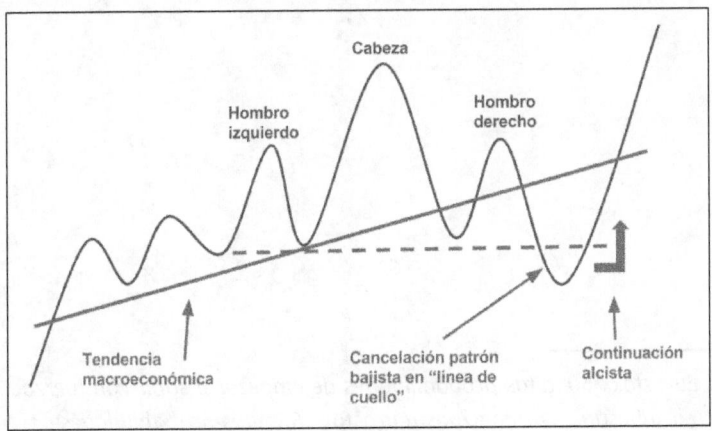

figura 17.2

En las figuras 17.1 y 17.2 hemos utilizado un patrón de *hombro-cabeza-hombro* como ejemplo, pero cualquier patrón de las cotizaciones es susceptible de analizarse de esta manera. Un ejemplo real[1] lo tenemos durante el año 2013 en el comportamiento del índice de referencia de la Eurozona: el EuroStoxx 50. La línea de soporte de mínimos anuales se encontraba en los 2.565 puntos; sin embargo, este soporte empezó a desvanecerse a finales de junio cuando el índice descendió de ese nivel. Cuando los precios rompen un soporte significativo, el comportamiento táctico debe ser no estar posicionados al alza o ser muy cautelosos con las posibles caídas. Pero una vez que la rotura a la baja se demuestra falsa y los precios regresan rápidamente sobre la línea de soporte, estamos ante la cancelación de una confirmación bajista. Y eso suele ser muy alcista si la tendencia macroeconómica es alcista, tal y como ocurría en julio de 2013 en la eurozona.

---

1. Eurostoxx 50: altas probabilidades de empezar a subir con fuerza
http://inbestia.com/blogs/post/eurostoxx-50-altas-probabilidades-de-empezar-a-subir-con-fuerza

figura 17.3

¿Por qué estas cancelaciones de las confirmaciones de los patrones son tan alcistas o bajistas según el caso? La razón se encuentra en la psicología de los operadores bursátiles. Éstos se hallan continuamente considerando hipótesis alcistas y bajistas sobre la evolución de las cotizaciones. En esos puntos exactos en los que un patrón se confirma o los puntos en los que el mercado está a punto de superar una resistencia o está a punto de cruzar a la baja un soporte, son momentos en los que un gran número de operadores reevalúan esas hipótesis. Si los precios empiezan a romper a la baja un soporte, es altamente probable que muchos alcistas se vuelvan cautelosos y piensen que, al menos en el corto plazo, lo más probable es que los precios sigan descendiendo. Pero si esa rotura a la baja se cancela y los precios vuelven a alza sobre el soporte, se produce una repentina reevaluación de las hipótesis de los operadores. Los que estaban bajistas en la rotura a la baja cubren sus posiciones por miedo a perder o se vuelven alcistas al detectar que los precios han empezado a subir, y otros muchos que eran alcistas pero estaban fuera del mercado encuentran un momento idóneo para apostar por las alzas.

Esa combinación de nuevo dinero entrando alza y de apuestas bajistas cubriéndose de las pérdidas a medida que los precios retornan sobre el soporte y escalan posiciones, genera un fuerte *momentum* alcista que acaba formando un poderoso *rally*. El caso bajista es exactamente el opuesto: la tendencia macroeconómica es contractiva y se produce un patrón técnico alcista que empieza a confirmarse. En los casos en que esa confirmación se cancela, los precios comienzan a descender con fuerza a medida que nuevo dinero bajista entra en el mercado y que los operadores posicionados al alza cierran sus operaciones perdedoras.

Estos puntos precisos en los que se delimitan los escenarios alcistas y bajistas, ya sea mediante una línea de soporte, una resistencia o una *línea de cuello*, los denomino puntos bisagra. Muchas veces tiene más valor la cancelación de una *confirmación* a favor de la tendencia macroeconómica, que el simple concepto de confirmación de un patrón técnico.

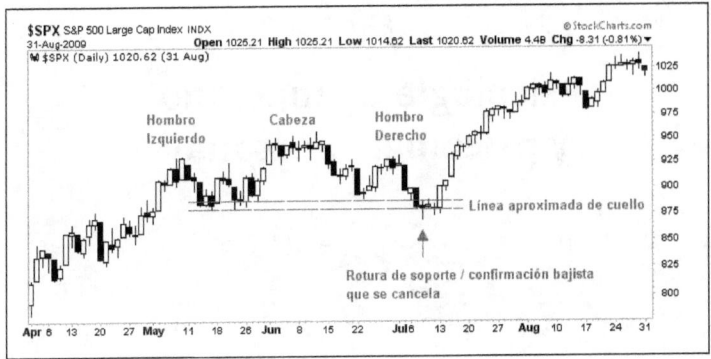

figura 17.4

IV
Psicología de mercado y psicología personal

"

Los mercados alcistas nacen en el pesimismo, crecen en el escepticismo, maduran en el optimismo y mueren en la euforia.

John Templeton

"

18. El sentimiento y el efecto sorpresa

No sólo el análisis de las cotizaciones permite delimitar y entender la acción del mercado con respecto a la tendencia macroeconómica. El análisis del sentimiento es otra poderosa herramienta que puede ayudarnos a interpretar la situación del mercado en el corto, medio y largo plazo.

Se puede caer en la tentación de pensar que los precios reflejan a la perfección el sentimiento del público. Es frecuente que una fuerte corrección venga acompañada de escepticismo inversor o incluso de un elevado pesimismo, pero no todo es tan lineal en el mundo de la bolsa. A veces una corrección se produce en medio de un sentimiento general de escepticismo y, en raras ocasiones como cuando el mercado se encuentra en medio de una efervescente burbuja bursátil, una corrección es vista por un público muy optimista como una clara oportunidad de compra. Todo esto supone añadir una tercera dimensión a la observación bursátil. Donde antes sólo hablábamos de cotizaciones en contexto con la tendencia macroeconómica, ahora analizamos los precios y también el sentimiento en contexto con esa tendencia macro. Estos tres elementos pueden converger y divergir de múltiples formas en distintos horizontes temporales, pero lo esencial es entender la relación general que los gobierna, además de cómo las divergencias que se producen entre ellos pueden dar lugar a efectos sorpresa que tienen un importante impacto en las bolsas, especialmente en el medio plazo -meses-.

En determinadas fases del mercado podemos encontrarnos una tendencia macro alcista en la que los precios ascienden, pero en la que el escepticismo predomina como se expone en la figura 18.1.

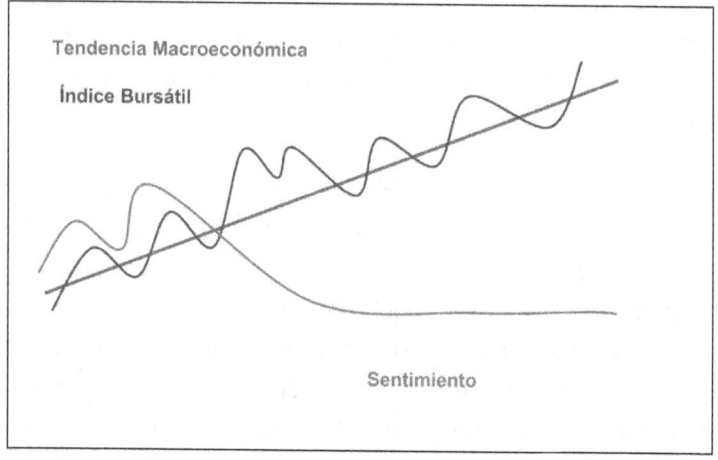

figura 18.1

Es una situación más frecuente de lo que pudiera parecer. Muchas veces durante un ciclo alcista vemos como la economía se expande paulatinamente y cómo las cotizaciones bursátiles continúan fluctuando suavemente al alza, pero el sentimiento, por la razón que fuere, se desploma hasta alcanzar una situación de escepticismo generalizado. Es decir, la mayoría de los participantes se vuelven pesimistas sin que los precios desciendan. ¿Cómo es posible? En principio, si los inversores se vuelven pesimistas, lo normal sería que eso se traduzca en descensos bursátiles. Pero la realidad puede ser otra. Hay que entender que los precios se mueven según la urgencia que sienten los operadores y si los que tienen dinero tienen mucha prisa por comprar, los precios suben; y si los que tienen papel -acciones- tienen mucha prisa por vender, los precios descienden. Así, en el ejemplo de la figura 18.1, una gran cantidad de inversores puede empezar a albergar un sentimiento escéptico que les lleva a no comprar más acciones o incluso a venderlas, pero si ese sentimiento no se traduce en una urgencia acusada por vender, pueden intercambiar sus acciones por dinero sin provocar descensos en el mercado.

Cuando se producen estas divergencias entre cotizaciones, tendencia macroeconómica y sentimiento, nos encontramos ante situaciones de máximo interés ya que las discrepancias entre realidad y sentimiento generan espacios para la sorpresa de los operadores bursátiles.

Volviendo al ejemplo de la figura 18.1, es altamente probable que cuando un conjunto de operadores se ha mostrado pesimista sobre la situación del mercado pero sus expectativas no se materializan -ya sea por la publicación de noticias macroeconómicas positivas o porque sus augurios no se cumplen-, éstos regresen al mercado con una mezcla de renovado optimismo y sentido de urgencia que hace subir, aún más, las cotizaciones (figura 18.2).

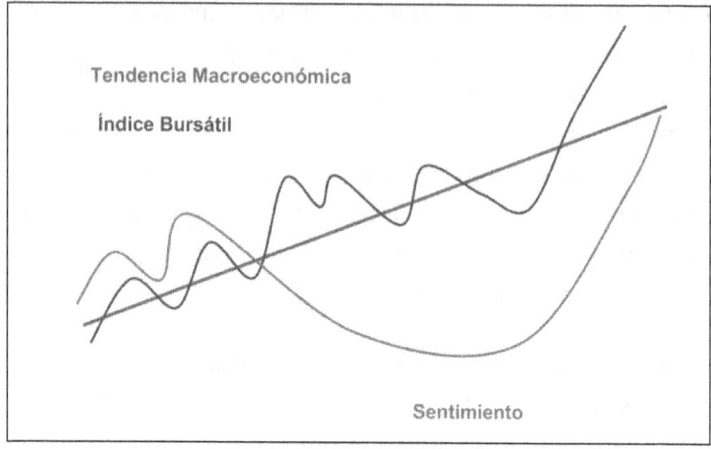

figura 18.2

Otro ejemplo podría ser cuando los operadores se encuentran en un estado de ánimo extremadamente optimista a pesar de que la realidad macroeconómica apenas ha variado. En esas circunstancias lo que nos encontramos es un amplio margen para que las sorpresas negativas hagan descender las cotizaciones o, al menos, para que no les haga avanzar a un ritmo elevado (figura 18.3).

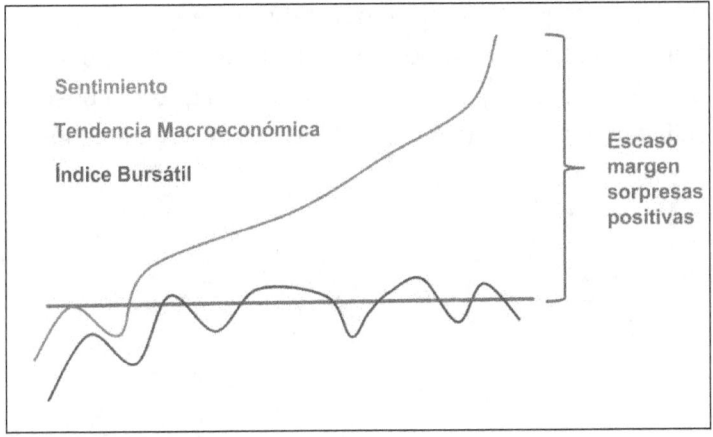

figura 18.3

Las posibles combinaciones entre las tres dimensiones son muchas. Una macro alcista puede venir acompañada de cotizaciones al alza, estables o a la baja que a su vez pueden venir acompañadas de un sentimiento optimista, neutral o pesimista. O la macro puede ser neutral -en fase de cambio- o bajista. ¿Cuántas posibles combinaciones existen? Demasiadas, especialmente si distinguimos las diferentes opciones con más matices. ¿Es lo mismo un fuerte pesimismo durante una corrección profunda que durante un leve retroceso del mercado? Evidentemente no.

La idea clave es que las cotizaciones no son necesariamente un reflejo real del sentimiento inversor. Muchas veces riman, pero el inversor sagaz que es capaz de entender que los precios son una cosa y el sentimiento otra, encontrará una nueva forma de abordar el mercado y hallar oportunidades que jamás hubiera pensado que pudieran existir.

De hecho, lo que todo el mundo sabe o cree tiene escaso valor bursátil, lo que importa son los factores que pueden producir sorpresas positivas o negativas ya que a la postre son los que finalmente dirigen el destino de los mercados.

19 Los rumores

Se puede evaluar el sentimiento de forma subjetiva u objetiva y se puede evaluar el sentimiento a corto, a medio o a largo plazo. El problema de evaluar el sentimiento subjetivamente es que el observador tiene que tener las cualidades necesarias para interpretar correctamente la situación, igual que un *sumiller* ha de estar entrenado y tener determinadas cualidades para dar una correcta opinión sobre un caldo. Los prejuicios de un observador, sus preferencias políticas y sus sesgos psicológicos juegan en contra de su capacidad analítica.

¿Cómo se puede observar la realidad bursátil con mayor precisión? Como vimos en el capítulo 8, es más importante ser un recolector de datos que interpretar la realidad desde un esquema general que puede llegar a cegarnos por completo. Pero también es necesario tener talento y esto no se puede aprender en ningún libro, sino que es una cualidad que ha de brotar dentro de cada uno. Probablemente, aparte de esfuerzo y experiencia, sea necesario suspender temporalmente nuestra propia naturaleza humana, convertirnos en lo que los anglosajones llaman un *outsider*[1] u observar el mundo como si fuésemos unos alienígenas.

En el campo de las técnicas subjetivas, uno de los elementos más importantes para evaluar el sentimiento

---

1. *Definición outsider* http://es.urbandictionary.com/define.php?term=outsider

de los operadores, es detectar aquellas ideas y temas que repentinamente se convierten en *vox populi*. Por ideas y temas se entiende todo fragmento de información al que se le asigna una causalidad alcista o bajista sobre un mercado en particular. Estos fragmentos de información pueden ser una idea técnica, como un *hombro-cabeza-hombro* bajista, una idea macroeconómica, como por ejemplo la economía va a entrar en recesión de forma inmediata, o una idea política, como *la guerra en Siria hará bajar la bolsa*. La clave es que la idea inherentemente suponga un juicio alcista o bajista sobre un mercado y que sea muy precisa y delimitada en el tiempo. No nos valen ideas vagas o imprecisas como la crisis económica persiste.

Además, para que estos fragmentos de información tengan valor desde el punto de vista del sentimiento, tienen que convertirse en *virales*[2], es decir, que sean ideas o *memes*[3] de las que repentinamente muchos se hacen eco en los medios de comunicación -incluyendo los más prestigiosos-, en las webs bursátiles, blogs, foros y por supuesto en las redes sociales. Cuando una idea concreta que inherentemente lleva asignado un juicio alcista o bajista sobre un mercado se replica de forma incesante en múltiples lugares, podemos decir que estamos ante un *rumor bursátil*.

Hay que observarlo así: en el mundo hay millones de operadores, intermediarios, medios de comunicación y un largo etcétera de interesados en los mercados. Todos estos

---

2. Viral ver nota número 3.
3. Meme http://es.wikipedia.org/wiki/Meme

agentes que de una forma u otra componen el mercado, emiten y manejan multitud de informes, análisis e ideas de inversión cada día. Usualmente hay cierto equilibrio entre las ideas: por cada informe alcista hay otro informe bajista, si un banco de inversión piensa que invertir en España es un error, otro banco de inversión puede pensar lo contrario y opinar que invertir en España es una excelente oportunidad. Así son los mercados, sin disparidad de opiniones no habría compraventas porque todos los operadores estarían en el mismo bando. Por tanto, se puede decir que en el mundo de los informes, análisis e ideas de inversión, existe cierto equilibrio. Sin embargo, a veces uno de esos rumores rompe el equilibrio y se propaga por todos los medios de comunicación y soportes convirtiéndose en una fragmento de información viral que se extiende a gran velocidad. Lees los periódicos y ahí está el rumor. Lees los foros de internet y ahí está el rumor. Lees un blog financiero y también está ahí. Enciendes la radio y lo vuelves a escuchar. Enciendes la televisión y el rumor vuelve a aparecer.

¿Por qué estos rumores, *memes* o temas virales tienen importancia desde el punto de vista del sentimiento? Porque revelan de forma precisa que una gran mayoría de operadores comparten un mismo punto de vista. Y cuando una mayoría opina exactamente igual significa que está posicionada de forma similar en el mercado; y cuando no queda casi nadie por comprar o por vender, el mercado ya no puede subir o bajar mucho más.

Hay que entender que los medios de comunicación tienen el objetivo de conseguir el mayor número de lectores posibles y la forma más fácil de conseguirlos es publicar las piezas informativas que su público quiere escuchar. Si un periódico con una determinada ideología política empezara a publicar noticias con un trasfondo ideológico diferente de un día para otro, el periódico perdería muchos de sus lectores. Si un periódico deportivo que apoya al Real Madrid de un día para otro empieza a apoyar al Barça, en dos semanas desaparece como medio. Los editores de los medios de comunicación tienden a publicar noticias que serán bien recibidas por su público, noticias que serán muy leídas porque concuerdan con lo que su público quiere escuchar. Durante una fase de escepticismo bursátil los editores que decidan publicar noticias que invitan al optimismo verán como su audiencia disminuye y por eso se ven forzados a dar noticias de corte pesimista si quieren prosperar como medio. El ejemplo opuesto es igual de válido. Durante una fase bursátil rodeada de euforia, el medio de comunicación que decida alertar de peligros verá como su audiencia se estanca porque el público no está deseoso de escuchar la voz de la consciencia, sino que quiere leer opiniones de expertos que validen las propias creencias que ya llevan en su interior.

Los editores de los medios de forma indirecta realizan un delicado trabajo de investigación sociológica para el operador con capacidad de observación, ayudándole a determinar qué temas son los que frecuentan las cabezas y corazones de la masa. Cuando múltiples editores de varios medios coinciden en publicar un mismo rumor, ya se trate de un análisis financiero de un banco de inversión, las palabras de un famoso inversor o un elemento técnico del mercado, entonces podemos concluir que ese rumor omnipresente en un corto espacio de tiempo señala claramente cuál es el sentimiento general.

Uno de los ejemplos más pintorescos de todos los tiempos lo tenemos en el caso de Alessio Rastani, un supuesto experto financiero que más tarde se autocalificó de charlatán[4], el cual fue entrevistado por error en la cadena pública británica BBC a finales de septiembre de 2011. En el verano de ese año se había producido una importante corrección bursátil en los principales índices globales provocada por un fuerte giro del sentimiento inversor y no respaldada por ningún cambio macroeconómico significativo. Un movimiento a la baja dirigido por el pesimismo y la creencia general de la vuelta a la recesión en EEUU. Este escenario altamente volátil fue el caldo de cultivo ideal para que las palabras de Alessio Rastani se convirtieran en un fenómeno viral global en menos de 24 horas. Palabras como "llevo deseando esto 3 años, cada noche me voy a la cama soñando con una nueva recesión, esto es una oportunidad de hacer dinero", "los gobernantes no dirigen el mundo, lo hace Goldman Sachs" o "lo que la gente tiene que hacer es aprender a ganar dinero en un mercado que se hunde, pero primero tienen que proteger sus ahorros. Mi predicción es que en menos de doce meses los ahorros de millones de personas desaparecerán"

---

4. A la BBC le cuelan un "experto en bolsa" que resultó ser un charlatán http://www.abc.es/20110929/tvyradio/abcp-cuelan-experto-bolsa-resulto-20110929.html

imagen 19.1

¿Cómo es posible que las palabras de un principiante con apenas unas pocas libras esterlinas en su cuenta de *trading* se colara en la televisión pública británica y de ahí se extendiese por el resto de televisiones del planeta? Todos los días escuchamos charlatanes de todo tipo dándonos su opinión en las televisiones, pero éste, aparte de ofrecer llamativas declaraciones, le ofrecía al público global el tipo de palabras que estaban de acuerdo con la psicología de las masas en aquel momento.

Un especulador, que por fuerza ha de ser un buen observador[5], aquellos días habría advertido el fuerte revuelo generado y cómo la entrevista se reprodujo en casi todos los medios: radios, periódicos, webs y televisiones. Como suele ocurrir tras todo extremo de sentimiento, el mercado bursátil global formó un suelo a los pocos días y desde esa

---

5. *Alessio Rastani es una señal contraria* http://inbestia.com/blogs/post/alessio-rastani-es-una-senal-contraria

fecha y hasta diciembre de 2013 se había revalorizado un 44,43% sin incluir dividendos como muestra la figura 19.2.

figura 19.2

No todas las ideas de mercado que se convierten en virales necesariamente han de ser tan llamativas o pintorescas como ocurrió con el charlatán Rastani. La mayoría de los casos son algo más sutiles aunque claramente reconocibles. Un buen ejemplo es lo que ocurrió en la primavera y el principio del verano del fatídico año 2008. Después de las primeras caídas de aquel mercado bajista que duraron desde octubre de 2007 hasta marzo de 2008 (figura 19.3), la bolsa consiguió estabilizarse y formar un nuevo movimiento secundario alcista a pesar de que todos los indicadores macroeconómicos claramente señalaban que la economía se encontraba en contracción acelerada.

figura 19.3

En ese entorno de estabilización de las cotizaciones e incluso de rebote, surgió una oleada de expertos en los medios de comunicación que recomendaban comprar. Los expertos y grandes casas de inversiones están acostumbrados a recomendar comprar acciones en cualquier entorno de mercado, sea el momento propicio o no, pero lo significativamente llamativo en aquellos días era que en cualquier medio de comunicación que un inversor consultara el *meme* era "lo peor ha pasado, el mercado está barato, es hora de comprar". Tan intenso y repetitivo era el *meme* que este autor lo leyó en un medio generalista local -poco dado a hablar de asuntos financieros- o incluso lo recibió a través de un email de su broker (figura 19.4) en cuya postdata se decía *"No hace falta que os vuelva a insistir en lo baratos que están los mercados, no dejéis de comprar"*.

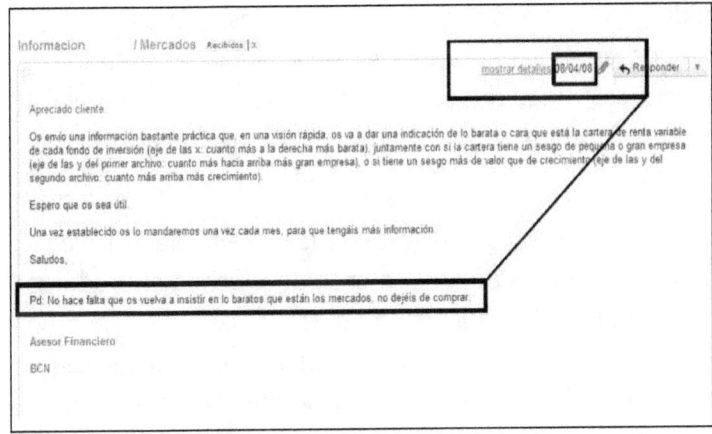

figura 19.4

En un entorno claramente contractivo como el de aquellos días, cuando se detecta un viral alcista donde muchos expertos de forma taxativa nos recomiendan comprar, normalmente lo aconsejable es ser cautelosos o incluso exponerse al lado corto del mercado -apostar a la baja-. Tal es así que lo que sucedió a continuación de "ese gran momento para comprar" fue uno de los mayores crash de todos los tiempos (figura 19.5).

figura 19.5

Cuidado con los expertos y las grandes casas de inversiones que incitan a comprar. Y especial cuidado cuando se detecta casi unanimidad en sus opiniones y la tendencia macroeconómica no respalda una visión alcista del mercado.

Otro ejemplo igual de ilustrativo fue el *meme* del *petróleo a 200 dólares* que recorrió la mente de muchos operadores y, por tanto, de muchos medios de comunicación en la primera mitad de 2008 (imagen 19.6). El contexto económico de entonces era bastante negativo con la mayoría de economías desarrolladas entrando en recesión y con los índices bursátiles reflejando fuertes retrocesos desde octubre de 2007. A pesar de esa situación, el petróleo continuaba su marcha alcista desde hacía 6 años y cada dólar que se encarecía era percibido como una seria amenaza para las economías en crisis, que veían como aumentaba la factura energética. En mayo de 2008 cuando el barril de Texas cotizaba a 116 dólares, el celebérrimo banco de inversión Goldman Sachs emitió un informe alertando de las altas probabilidades de ver el precio del barril alcanzar los 200 dólares. Este informe se propagó como la pólvora en pocas horas por todos los medios de comunicación globales[6]: periódicos, televisiones, webs, radios y, por supuesto, los blogs financieros. Si todos los informes que realizan los bancos de inversión, alcanzaran cada día esa cota de popularidad, en los medios sólo se hablaría de los mercados financieros. Pero no es así. El hecho de que

---

6. *Goldman Sachs ve probable que el petróleo llegue a 200 dólares* http://elpais.com/diario/2008/05/07/economia/1210111201_850215.html

un informe financiero se convierta en un viral sólo puede significar una cosa: la información -alcista para el petróleo- estaba de acuerdo con la *psique de las masas*.

imagen 19.6

Apenas dos meses después el barril de Texas haría un máximo en los 145,29 dólares antes de hundirse hasta los 33,98 dólares en febrero de 2009, una histórica caída del 76% en apenas 7 meses (figura 19.7).

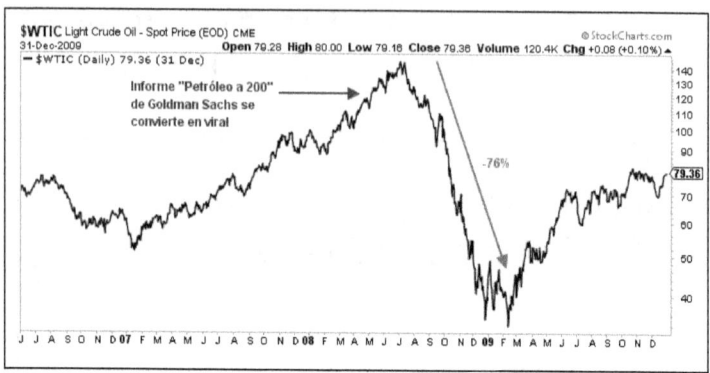

figura 19.7

Otro ejemplo diferente de meme o rumor bursátil viral lo tenemos en el indicador técnico Hindenburg Omen, el cual supuestamente pronostica cuándo va a tener lugar un crash bursátil. El indicador, que recibe su gráfico nombre del malogrado dirigible alemán Hindenburg cuando ardió en llamas aterrizando en el estado de Nueva Jersey en 1937[7], envía una señal de alarma[8] cuando, entre otros factores, más de un 2,8% de los títulos que cotizan en el New York Stock Exchange alcanzan nuevos máximos anuales a la vez que -también- más del 2,8% de los títulos alcanzan nuevos mínimos anuales. Ante esa situación divergente en la que muchos títulos forman nuevos máximos a la vez que otros muchos forman nuevo mínimos, algunos operadores entienden que el mercado se encuentra ante el peligro de fuertes caídas.

---

7. *Dirigible Hindenburg* http://es.wikipedia.org/wiki/Dirigible_Hindenburg
8. *Hindenburg Omen* http://en.wikipedia.org/wiki/Hindenburg_Omen

Un acercamiento a este indicador revela que es cierto que algunas pocas veces ha pronosticado correctamente caídas bursátiles, pero también que sus probabilidades de acierto son más bajas que el lanzamiento de una moneda[9]. Además, el New York Stock Exchange -una de las bolsas de Nueva York- no es como antaño en la que sólo cotizaban compañías; en la actualidad se negocian múltiples ETFs[10] y ETNs[11] de todo tipo, lo que en la práctica desvirtúa la capacidad predictiva de este indicador.

Desde el punto de vista del sentimiento bursátil, lo interesante es que este arcano indicador completamente desconocido para muchos operadores se convirtió en viral en agosto de 2010 como muestra la gráfica de Google Trends[12] (figura 19.8). Repentinamente, todo el mundo hablaba[13] de este patrón y de los aciagos días a los que se enfrentaba el mercado a partir de ese momento.

---

9. *Hindenburg Omen?* http://bigpicture.typepad.com/comments/2006/04/hindenburg_omen.html
10. *Introducción a los ETFs* http://www.bmerv.es/esp/ETFs/InformacionGeneral/IntroduccionalosETFs.aspx
11. *¿Qué diferencias hay entre los ETFs y los ETNs?* http://www.morningstar.es/es/news/30395/%C2%BFqu%C3%A9-diferencias-hay-entre-los-etfs-y-los-etns.aspx
12. *"Hindenburg Omen" en Google Trends* http://www.google.es/trends/explore#q=hindenburg%20omen
13. *"Hindenburg Omen" indicator suggests slump in stocks: technical analysis* http://www.bloomberg.com/news/2010-08-13/-hindenburg-omen-suggests-another-leg-down-in-stocks-technical-analysis.html

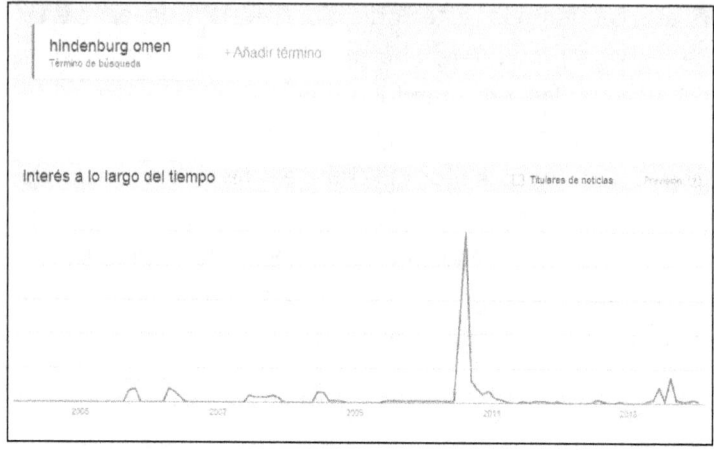

figura 19.8

Una señal bajista -fragmento de información con direccionalidad de mercado asignada-, que se convierte en viral justo después de una fuerte corrección en los mercados bursátiles globales gracias a que está en sintonía con la psicología de un asustado público, es el tipo de señal que un operador avezado quiere contradecir si la tendencia macroeconómica es expansiva, como lo era en agosto de 2010 (figura 19.9).

figura 19.9

Tras estos ejemplos de rumores bursátiles que a la postre demostraron ser excelentes señales contrarias para el inversor observador, se puede caer en la tentación de creer que si se detecta un rumor bursátil basta con hacer lo contrario para alcanzar altas rentabilidades. Pero nada hay más lejos de la verdad que este pensamiento. Es interesante entender cuándo una idea obsesiona al público, pero sólo es rentable contradecir al público cuando está obsesionado en contra de lo que sugiere la tendencia macroeconómica.

Contradecir a Alessio Rastani y a la gran cantidad de inversores pesimistas en aquéllos días de 2011 era un juego ganador porque la tendencia macroeconómica era alcista. Contradecir a Goldman Sachs y a los inversores que estimaban un barril en 200 dólares era un juego ganador porque las economías del planeta habían entrado en recesión y el petróleo es una materia prima con un comportamiento cíclico. Y contradecir al Hindenburg Omen era lo apropiado porque la tendencia macroeconómica de EEUU era expansiva.

El análisis del sentimiento, al igual que el análisis técnico, cobra relevancia cuando es utilizado en contexto con la situación macroeconómica. Si la economía crece, la bolsa se encuentra en una tendencia alcista y surge un rumor muy alcista sobre lo que harán las cotizaciones, eso no es una señal que haya que contradecir. Lo importante del sentimiento bursátil es que nos ayude a interpretar extremos de sentimiento en contra de lo que sugiere la realidad macroeconómica.

20. Las portadas, las noticias y los comentarios de los lectores

No sólo los grandes rumores o temas virales nos ayudan a interpretar la psicología predominante del público. Hay múltiples señales que podemos observar leyendo las noticias cada día, especialmente leyéndolas entre líneas o con el contexto adecuado.

Las portadas de los periódicos o revistas son de máxima importancia porque es ahí donde los editores destacan la información que estiman más relevante para sus lectores. Y si estos profesionales, que como explicamos en el capítulo anterior hacen por nosotros un excelente trabajo de investigación del sentimiento, deciden publicar en portada una noticia bursátil, nos están dando la mejor de las pistas de qué es lo que interesa o preocupa al público.

No tiene el mismo valor analítico una noticia bursátil publicada en la portada de un medio económico o financiero que una publicada en la portada de un medio generalista. La razón se encuentra en que es común y lógico que los medios financieros publiquen constantemente noticias sobre la bolsa, pero es infrecuente que un medio generalista lo haga en portada. Cuando una noticia bursátil se publica en la portada de un medio dirigido al público general, podemos dar por seguro que esa noticia está de acorde a lo que todo el mundo sabe, de acorde a la psicología del público. Y dentro de estas noticias destacadas en los medios generalistas, se ha de otorgar mayor valor cuando la noticia ocupa toda la portada. Esto suele ocurrir tras un *crash bursátil* o en un punto de claudicación. Justo el momento más apropiado para pensar en contradecir a las masas.

Unos ejemplos no muy lejanos en el tiempo lo encontramos en las imágenes 20.1 y 20.2. Son las portadas de dos periódicos españoles durante la recesión y gran mercado bajista de 2007-2009.

imagen 20.1

imagen 20.2

Este tipo de portadas en las que la bolsa se convierte en la protagonista absoluta de un medio generalista, solo se da en momentos de extrema ansiedad o de *crash* bursátil. No es de extrañar que solo 4 meses después la bolsa española formase su mínimo cíclico antes de establecer un poderoso rally hasta el año 2010 (figura 20.4).

figura 20.4

Lo mismo ocurrió en Estados Unidos que también sufrió una fuerte recesión y un crash bursátil en las mismas fechas. Probablemente, la más bella portada *contrarian*[1] de todos los tiempos fue la publicada por el magazine cultural The New Yorker en octubre de 2008 (imagen 20.5), pocos meses antes de que el mercado bajista llegara a su fin en marzo de 2009 (figura 20.6).

---

1. Contrarian: Warren Buffett es de mi familia http://inbestia.com/blogs/post/warren-buffett-es-de-mi-familia

imagen 20.5

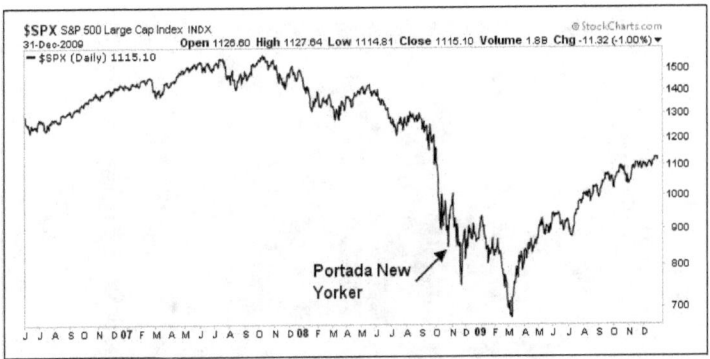

figura 20.6

La regla general es que cuando se publican este tipo de portadas bursátiles a toda página en medios culturales o generalistas, podemos dar por seguro que el ciclo bajista está agotado y que más pronto que tarde un nuevo ciclo alcista verá la luz. Decía el viejo Kostolany[2] que en bolsa lo que todo el mundo sabe ya no tiene valor, y la historia demuestra, ciclo tras ciclo, que este principio permanece inmutable a través de las décadas. Probablemente la más famosa de las portadas *contrarian* es aquélla publicada por la revista TIME tras el *crash* bursátil de 1987 (imagen 20.7) y que decía en su titular "El Crash: después de una semana salvaje el mundo es diferente". Pero el mundo fue el mismo de siempre y tras el *crash* vendría la recuperación y uno de los mercados más salvajemente alcista de todos los tiempos: los felices años 90.

---

2. *André Kostolany: vida, estilo inversor y frases célebres* http://www.academiadeinversion.com/andre-kostolany-vida-frases

imagen 20.7

Las noticias bursátiles publicadas en las portadas de los medios especializados en economía y finanzas no tienen tanto valor desde el punto de vista del sentimiento, pero cuando los editores de esos medios publican poderosos mensajes, sugiriendo a sus lectores que un evento ha de ocurrir con toda seguridad o incluso sugiriéndoles el qué o cómo deben pensar y sentir, entonces esas portadas también se pueden interpretar como un claro mensaje de cuál es la psicología y el sentimiento general de las masas.

Un caso paradigmático es la portada de la revista The Economist aparecida en octubre de 2011[3], tras la importante corrección bursátil de ese verano y en la que se podía leer las palabras "ten miedo" en el centro de un agujero negro interestelar (imagen 20.8).

imagen 20.8

---

3. *The world economy: be afraid* http://www.economist.com/node/21530986

No sólo el editor de The Economist situó en portada una noticia que esperaba captar mucha atención porque estaba de acuerdo a la psicología y el sentimiento imperante entre el público, sino que además se permitió exhortar al lector de qué manera debía sentirse. No es de extrañar que desde aquel momento la bolsa formara inmediatamente un suelo y empezara a escalar posiciones de forma ininterrumpida (figura 20.9) porque claramente se había llegado a un punto de extremo pesimismo durante el desarrollo de una tendencia macroeconómica expansiva.

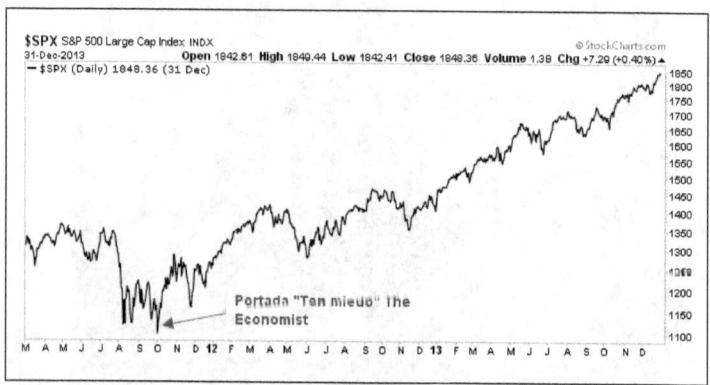

figura 20.9

Aunque las noticias destacadas en portada son idóneas para identificar el sentimiento general, también podemos leer entre líneas las demás noticias financieras y económicas. Analizando cómo han sido redactadas u observando si en ellas se percibe optimismo o escepticismo, es posible que también lleguemos a serias conclusiones de cuál es el sentimiento del público. El principio interpretativo de una noticia que no está en portada es el mismo que el de las que sí lo están, pero su valor analítico difiere por motivos obvios.

Otro elemento relevante para captar el sentimiento inversor son las respuestas de los lectores a las noticias económicas y financieras en los medios de comunicación digitales. Los usuarios de esos medios, casi siempre amparados en el anonimato tras un nombre virtual, se perciben libres de toda atadura para emitir sus opiniones de una forma completamente directa. Cuando una noticia o análisis suscita un fuerte consenso entre los lectores, según lo que se puede interpretar de los propios comentarios, podemos dar por seguro que nos encontramos ante una significativa señal de cuál es el sentimiento del público. Cuanto más consenso se detecte entre los comentarios de una noticia, mejor; y cuanto más mordaces y expresivos sean los comentarios de los lectores, mayor es la seguridad de cuál es el verdadero sentimiento de la masa. Un ejemplo perfecto no muy lejano en el tiempo lo encontramos en una noticia publicada en el diario electrónico El Confidencial el 5 de noviembre de 2012 titulada *¿Cambio de ciclo? el ritmo de destrucción de empleo se frena por primera vez en 20 meses*[4]. En ella, como bien indica el titular, el periodista especulaba con la idea de un cambio de ciclo en España, de recesión a nueva expansión económica, basándose en la desaceleración de ciertos indicadores macroeconómicos. Más allá del análisis del periodista -análisis periodísticos hay muchos-, lo relevante de esa pieza informativa fueron los comentarios de los lectores (imágenes 20.10 y 20.11) que

---

4. *Tranquilo Carlos Sánchez, cuando se ríen de ti, es que tienes la razón, la bolsa española subirá* http://inbestia.com/blogs/post/tranquilo-carlos-sanchez-cuando-se-rien-de-ti-es-que-tienes-la-razon-la-bolsa-espanola-subira

mostraban un gran consenso pesimista sobre la bolsa y la economía española. Además, las opiniones eran expresadas con inusitada virulencia y mordacidad, lo que reflejaba con especial claridad cuál era el sentimiento general.

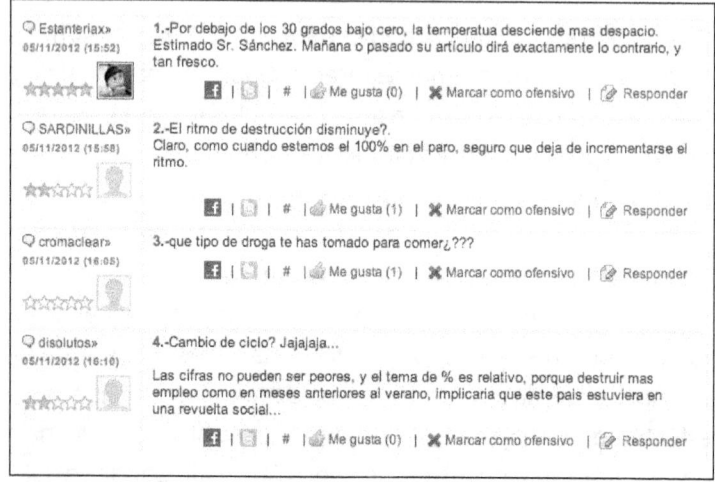

imagen 20.10

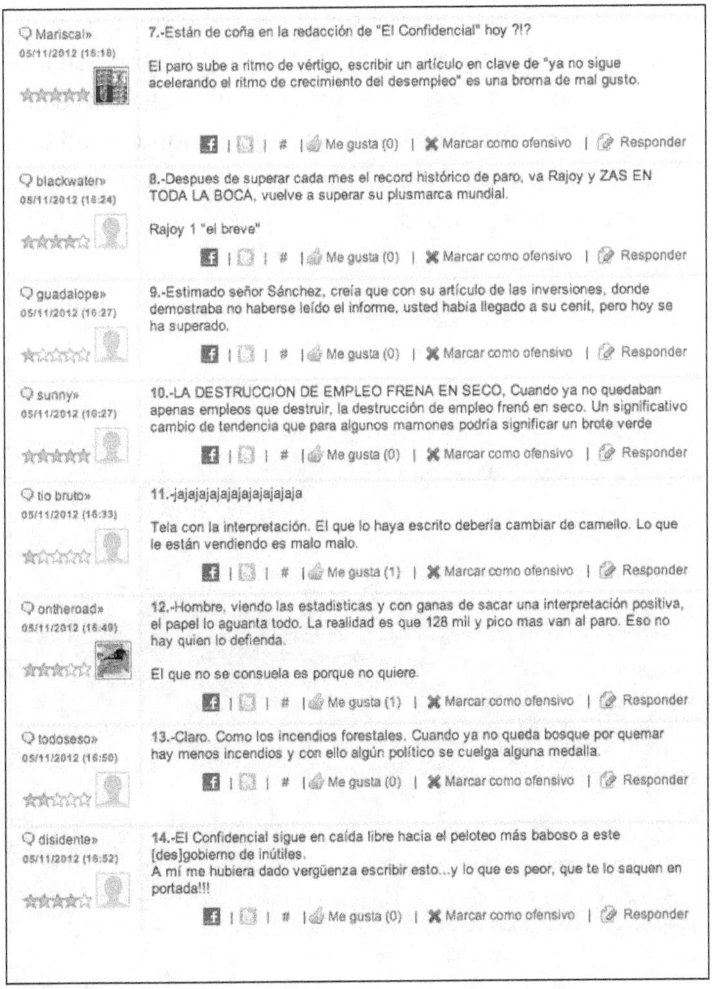

Mariscal» 05/11/2012 (16:18)
7.-Están de coña en la redacción de "El Confidencial" hoy ?!?

El paro sube a ritmo de vértigo, escribir un artículo en clave de "ya no sigue acelerando el ritmo de crecimiento del desempleo" es una broma de mal gusto.

| # | Me gusta (0) | Marcar como ofensivo | Responder

blackwater» 05/11/2012 (16:24)
8.-Despues de superar cada mes el record histórico de paro, va Rajoy y ZAS EN TODA LA BOCA, vuelve a superar su plusmarca mundial.

Rajoy 1 "el breve"

| # | Me gusta (0) | Marcar como ofensivo | Responder

guadalope» 05/11/2012 (16:27)
9.-Estimado señor Sánchez, creía que con su artículo de las inversiones, donde demostraba no haberse leído el informe, usted había llegado a su cenit, pero hoy se ha superado.

| # | Me gusta (0) | Marcar como ofensivo | Responder

sunny» 05/11/2012 (16:27)
10.-LA DESTRUCCION DE EMPLEO FRENA EN SECO, Cuando ya no quedaban apenas empleos que destruir, la destrucción de empleo frenó en seco. Un significativo cambio de tendencia que para algunos mamones podría significar un brote verde

| # | Me gusta (0) | Marcar como ofensivo | Responder

tio bruto» 05/11/2012 (16:33)
11.-jajajajajajajajajajaja

Tela con la interpretación. El que lo haya escrito debería cambiar de camello. Lo que le están vendiendo es malo malo.

| # | Me gusta (1) | Marcar como ofensivo | Responder

ontheroad» 05/11/2012 (16:49)
12.-Hombre, viendo las estadisticas y con ganas de sacar una interpretación positiva, el papel lo aguanta todo. La realidad es que 128 mil y pico mas van al paro. Eso no hay quien lo defienda.

El que no se consuela es porque no quiere.

| # | Me gusta (1) | Marcar como ofensivo | Responder

todoseso» 05/11/2012 (16:50)
13.-Claro. Como los incendios forestales. Cuando ya no queda bosque por quemar hay menos incendios y con ello algún político se cuelga alguna medalla.

| # | Me gusta (0) | Marcar como ofensivo | Responder

disidente» 05/11/2012 (16:52)
14.-El Confidencial sigue en caída libre hacia el peloteo más baboso a este [des]gobierno de inútiles.
A mí me hubiera dado vergüenza escribir esto...y lo que es peor, que te lo saquen en portada!!!

| # | Me gusta (0) | Marcar como ofensivo | Responder

imagen 20.11

Como suele ser habitual, cuando el consenso llegó a niveles extremos en contra de lo que sugería la tendencia macro, la bolsa siguió su camino al alza sin retroceder desde esa fecha y a diciembre de 2013 ya se había revalorizado un 26%.

El inversor capaz de alejarse del ruido del mundo, con el objeto de interpretar mejor la realidad, encontrará que las verdaderas noticias no se suelen encontrar en el titular o en el cuerpo de las piezas informativas, sino en donde el editor decide destacar la noticia, el sentimiento que desprende y las reacciones que provoca.

21 Las encuestas de sentimiento

Las encuestas bursátiles ofrecen la ventaja de mostrar números concretos sobre el sentimiento de los inversores. No considero que este método cuantitativo sea mejor o más eficaz que la subjetiva interpretación del sentimiento tal y como hemos vistos en los capítulos anteriores, pero desde luego, en tiempo de duda las encuestas pueden ser una útil ayuda. El principio interpretativo es el mismo que en las demás herramientas de sentimiento o de análisis técnico de las secciones III y IV: alcanzan todo su valor cuando se estudian en contexto con la tendencia macroeconómica. A pesar de ello, con frecuencia el lector encontrará que la mayoría de analistas y operadores suelen caer en el mismo error: creer que una encuesta que refleja una mayoría de optimistas es una señal de venta o, al menos, una señal de peligro; y que cuando una encuesta refleja una mayoría de pesimistas es una señal de compra. Nada más alejado de la realidad: es natural que haya repuntes de optimismo durante un mercado alcista y que haya extremos de pesimismo durante un mercado bajista. Tomemos como referencia la encuesta semanal de la American Association of Individual Investors[1] -AAII en adelante- que pregunta a los miembros de esa asociación estadounidense por su perspectiva bursátil a seis meses vista; si observamos las semanas en las que existe una mayoría de optimistas durante un mercado bursátil alcista

---

1. *Encuesta American Association of Individual Investors* http://www.aaii.com/sentimentsurvey

-que tiene lugar, como suele ser lo habitual, durante una fase macroeconómica alcista-, encontramos que esto es algo frecuente y no predictivo de bajadas bursátiles. En la figura 21.1 se muestra el mercado bursátil alcista de 2002-2007 y en líneas de puntos verticales todas las semanas en las que hubo una mayoría de optimistas en la encuesta de AAII. La figura 21.2 muestra todas las semanas con mayoría de optimistas durante el mercado bursátil alcista nacido en 2009 y que perdura hasta la fecha.

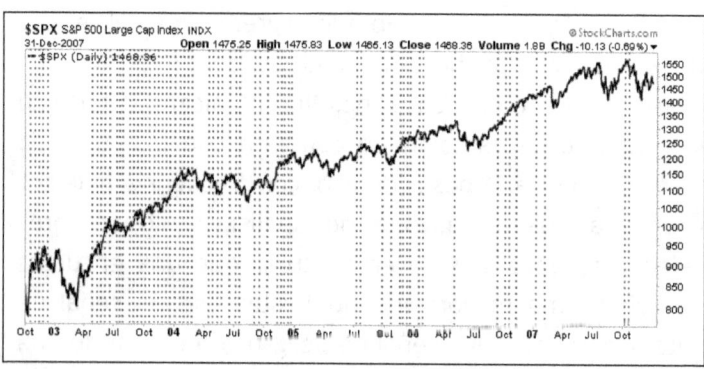

figura 21.1

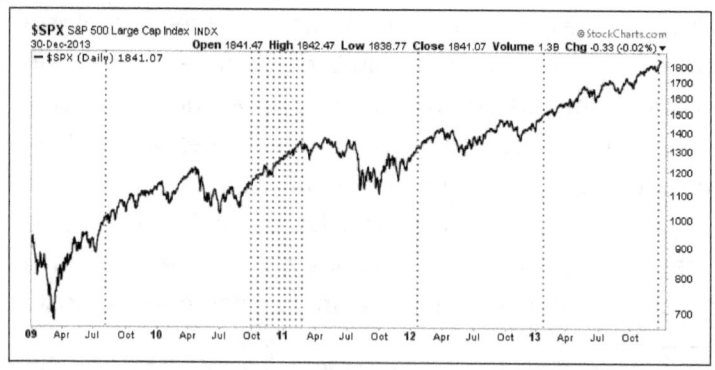

figura 21.2

Se trata de dos mercados alcistas diferentes desde el punto de vista del sentimiento. En el primero las dosis de optimismo eran mayores y no por eso el mercado dejó de escalar posiciones. El segundo, el actual mercado alcista, ha estado dominado por mayores dosis de escepticismo debido a que el gran público siguió siendo presa de múltiples temores años después del inicio de la Gran Recesión. ¿Cómo es posible que pueda haber dos mercados alcistas tan diferentes desde el punto de vista del sentimiento? La respuesta se encuentra en que, haya optimismo o pesimismo, si los datos macroeconómicos publicados se muestran favorables, bastan unos pocos operadores pujando al alza para llevar las cotizaciones más arriba. La direccionalidad del mercado no depende de la mayoría, sino de la urgencia de los operadores. Y si una minoría tiene más urgencia por comprar que la mayoría la tiene por vender, los precios subirán.

En cualquier caso, seguir el principio de *contradecir a la mayoría todo el tiempo* no tiene nada que ver con la práctica de la Teoría de la Opinión Contraria[2], sino con un escaso entendimiento del sentimiento bursátil y como proceder en base a él. Una de las creencias más dañinas y persistente en los mercados es creer que hay que contradecir a las masas en todo momento y lugar. Hay ocasiones en las que hay que contradecir a la mayoría y ocasiones en las que hay que estar del lado de la mayoría. En un mercado alcista no hay que vender o ser cautelosos porque haya

---

2. *Warren Buffett es de mi familia* http://inbestia.com/blogs/post/warren-buffett-es-de-mi-familia

mayoría de optimistas, ni en uno bajista hay que dejar de ser bajista porque haya mayoría de pesimistas en determinados momentos. La figura 21.3 muestra -líneas verticales punteadas- las semanas en las que hubo mayoría de pesimistas durante el mercado bajista iniciado en 2007 y que llegó a su fin a principios de 2009.

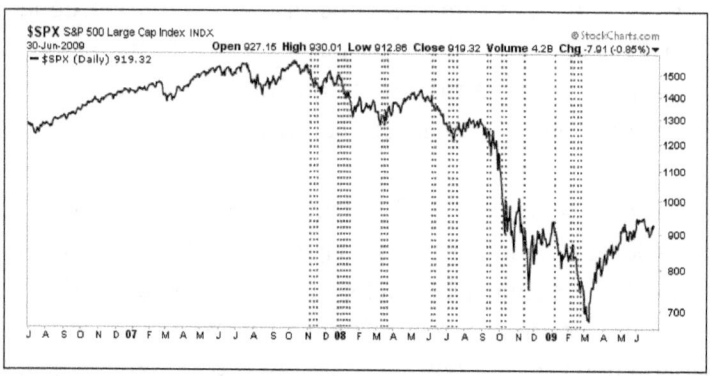

figura 21.3

Donde las encuestas de sentimiento realmente se revelan esclarecedoras es cuando señalan una mayoría de pesimistas durante una tendencia macroeconómica alcista o cuando muestran una mayoría de optimistas durante una tendencia macro bajista. Es decir, cuando las encuestas nos ayudan a determinar momentos precisos en los que la mayoría se encuentra equivocada con respecto a la realidad. Una mayoría de pesimistas durante una tendencia macro alcista suele coincidir con suelos del mercado en el corto y medio plazo como muestran las figuras 21.4 y 21.5 que representan, respectivamente, las semanas en las que hubo mayoría de pesimistas durante los mercados alcistas de 2002-2007 y 2009-2013.

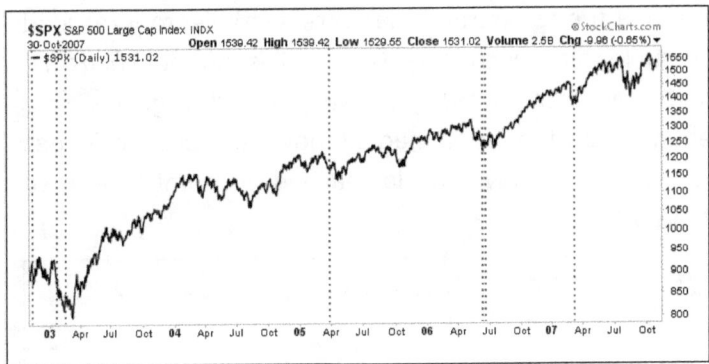

figura 21.4

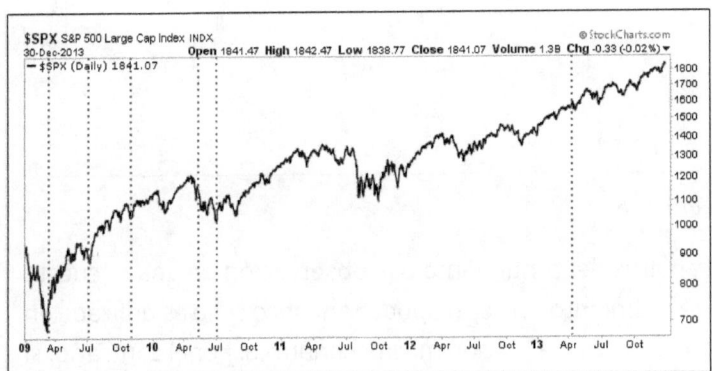

figura 21.5

En esas situaciones en las que la percepción de la mayoría no se encuentra alineada con la realidad macroeconómica, el operador puede contradecir a la mayoría ya que, más pronto que tarde, esa discrepancia entre realidad y sentimiento se resolverá a favor de lo que indique la tendencia económica.

Lo mismo ocurre en el caso opuesto. Cuando detectamos una mayoría de alcistas en medio de una recesión, estamos ante una fuerte discrepancia entre sentimiento y realidad que suele coincidir con techos bursátiles de medio plazo. Lo sabio es apostar por las bajadas ya que esa divergencia entre sentimiento y tendencia macro tendrá altas probabilidades de resolverse a favor de la realidad económica recesiva (figura 21.6).

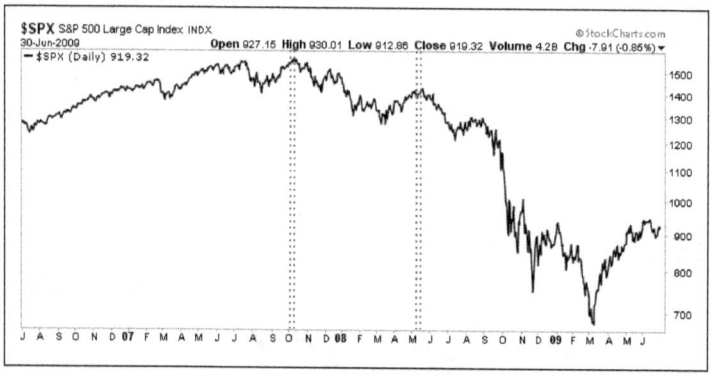

figura 21.6

El análisis del sentimiento o la observación de una encuesta de sentimiento carece de poder analítico si no es utilizada en contexto con la situación macroeconómica. Por el contrario, si se utiliza para detectar momentos de mercado en los que la mayoría se encuentra a contrapié, el operador astuto podrá estar preparado para buscar oportunidades en contra de la opinión general y a favor de la tendencia económico-bursátil principal.

22 VIX

El VIX o índice de volatilidad implícita extraído de las opciones financieras negociadas sobre el índice S&P 500 también es conocido como el *indicador del miedo* y es una de las mejores herramientas analíticas a disposición de los operadores. Como todas las demás, alcanza su verdadera relevancia si es interpretada y utilizada en contexto con la tendencia macroeconómica. Existen otros indicadores de volatilidad para los principales índices bursátiles americanos[1] y europeos[2,3], los cuales se pueden analizar exactamente igual que el VIX, pero dado que éste es el más antiguo y el que se deriva del índice bursátil más significativo, será al que en todo momento nos referiremos.

A diferencia de los rumores, las portadas, las noticias y los comentarios de los lectores que dependen de una interpretación subjetiva por parte del observador, o de las encuestas de sentimiento que son opiniones de los inversores, el VIX es una medida de sentimiento realizado o de sentimiento extraído de operaciones reales establecidas con dinero contante y sonante en el mercado de opciones. La metodología[4] por la que se calcula del VIX es sencilla, pero puede resultar confusa para el no iniciado a los

---

1. *Índices de volatilidad sobre índices de acciones norteamericanos* http://www.cboe.com/micro/volatility/introduction.aspx
2. *Índice de volatilidad Euro Stoxx 50* http://www.stoxx.com/indices/index_information.html?symbol=V2TX
3. *Índice de volatilidad DAX 30* http://www.dax-indices.com/EN/index.aspx?pageID=25&ISIN=DE0008467408

derivados financieros[5]. No obstante, más allá de los detalles, lo importante es entender que las opciones financieras son una suerte de seguros sobre el comportamiento del mercado. Cuando se incrementa el riesgo percibido de caídas bursátiles, el precio de las opciones aumenta a medida que los vendedores de opciones exigen mayor prima que los compradores están dispuestos a pagar. Cuando el riesgo percibido disminuye, el precio de las opciones es menor. De esta manera, cuando el índice VIX asciende, significa mayor peligro percibido de caídas bursátiles y cuando el VIX desciende o se encuentra en bajos niveles, el riesgo percibido es pequeño (figura 22.1). Con este comportamiento no es de extrañar que se le denomine el índice del miedo, ya que en todo pánico bursátil el VIX se eleva considerablemente.

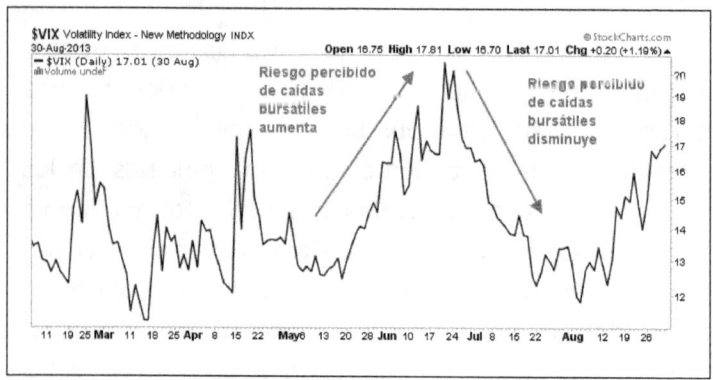

figura 22.1

---

4. ¿Qué es el índice VIX? http://www.actinver.com/documentos/ lAnalisis/Analisis/Doc/PaginaActinver/OtrosDocumentos/A110921_%-C3%8Dndice%20de%20Volatilidad%20(VIX).pdf
5. Derivado financiero http://www.gruposantander.es/ieb/derivados/Derivados4mod2.htm

Esta explicación, completamente válida y útil, no deja de ser un *reduccionismo* ya que en realidad un índice de volatilidad refleja la expectativa de variación en las cotizaciones tanto al alza como a la baja, pero también es cierto que las mayores variaciones casi siempre se producen en los retrocesos bursátiles. No obstante, en ciertas ocasiones y normalmente delimitadas en el tiempo, es posible ver un VIX ascendente a la par que unas cotizaciones que escalan posiciones[6].

Del VIX conocemos dos principios que la historia nos muestra como ciertos. Por un lado, un suelo del mercado de acciones necesariamente coincide -aproximadamente- con un nivel elevado en el VIX (figura 22.2). Y, por otro lado, sabemos que dada la naturaleza del propio VIX, éste tiende a regresar a su media histórica de forma veloz, incluso cuando se desvía significativamente al alza (figura 22.3). Mencionar estas dos evidencias no es un gran logro, ya que son simples definiciones; pero reconocerlas es un paso necesario al objeto de utilizar correctamente este indicador con fines analíticos y operativos.

---

6. *El concepto de "volatility crunch"* http://www.inbestia.com/blogs/post/el-concepto-de-volatility-crunch

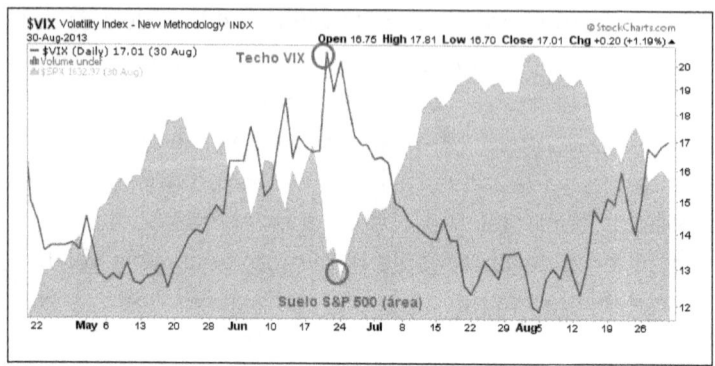

figura 22.2

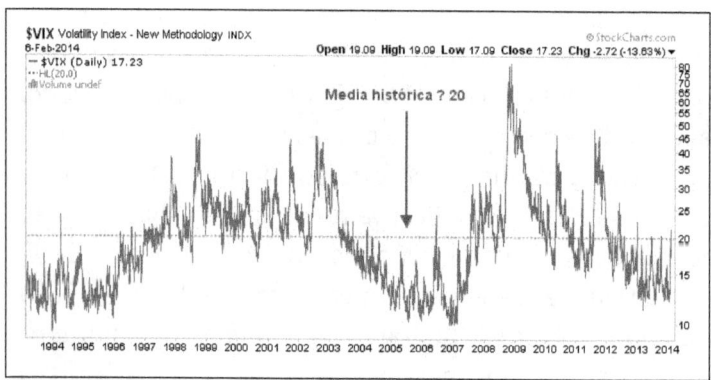

figura 22.3

Un nivel elevado en el índice VIX es lo propio cuando se forma un suelo en el mercado de acciones, pero también es cierto que nada impide que un nivel alto del VIX se pueda convertir en un nivel todavía más elevado y, por tanto, que la bolsa siga descendiendo. La clave se encuentra en detectar el momento en que el VIX deja de repuntar y comienza una nueva reversión a su media histórica, es decir, detectar el punto de inflexión que se produce entre la fase de riesgo percibido ascendente y la fase descendente. O visto de otra forma, se trata de encontrar el punto de inflexión que siempre se produce tras el momento de mayor pánico, o bien el punto de inflexión en el que los vendedores de opciones sobre el índice S&P 500 están dispuestos a cobrar menos por los seguros *sobre el mercado* (figura 22.4).

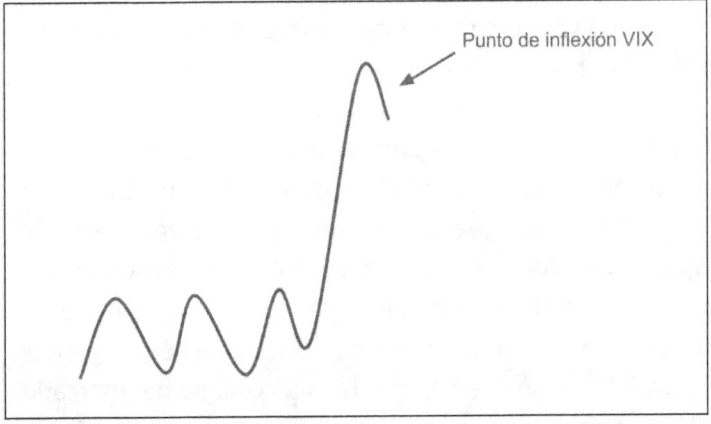

figura 22.4

Cuando se detecta el comienzo de la reversión a la media del *indicador del miedo* se ha de entender que, por alguna razón conocida o desconocida, la psicología subyacente de los operadores ha virado de dirección. En el fondo es este repentino cambio de la psicología durante una fase de miedo el que interesa conocer lo antes posible, ya que, una vez que se produce, el mercado de acciones forma un suelo. No es necesario conocer la causa última del porqué de ese cambio psicológico, es más, es probable que nunca se sepa o que sea imposible analizarlo; lo importante es detectarlo, conocer el hecho. Tampoco es importante si el giro se produce en el nivel del 25%, 45% o en el 90%

del VIX. El miedo puede propagarse hasta cualquier nivel y es completamente imposible, durante un repunte de la incertidumbre, averiguar hasta dónde llegará. Sin embargo, sí puede observarse cuándo el miedo se frena y empieza a desvanecerse.

Una forma sencilla y eficaz de detectar un punto de inflexión a la baja tras haberse producido un significativo repunte en el VIX, es observándolo con las clásicas velas *candlestick*[7]. Cuando el VIX se eleva, las velas son alcistas reflejando el incremento de la incertidumbre. En medio de este proceso de tensión bursátil se produce el giro a la baja del indicador del miedo y esto queda reflejado con una vela semanal bajista en el VIX que envuelve completa o parcialmente a la última vela alcista. Este giro, que se observa claramente con este tipo de velas, es un punto de inflexión o *reversal* (figura 22.5) y una señal de que la psicología del mercado está cambiando y de que probablemente el mercado de acciones esté formando un suelo o se encuentre a punto de formarlo en los siguientes días.

---

7. *Velas candlestick* http://www.sentimientomercado.com/manual-candlestick.pdf

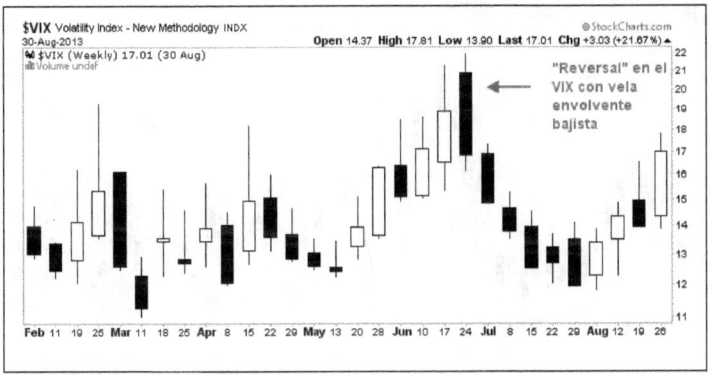

figura 22.5

Es importante entender que no existe identidad exacta entre un *reversal* del VIX y un giro al alza del mercado de acciones, pero sí una estrecha proximidad. Es decir, ambos eventos se producen dentro de un periodo breve de tiempo, pero no necesariamente a la vez. Es frecuente, especialmente en las correcciones de mayor magnitud -10% o más-, que el primer *reversal* del VIX no coincida con el mínimo absoluto del movimiento secundario a la baja de la bolsa, sino con el primer giro significativo y que sólo días o escasas semanas después, se produzca el giro definitivo que da lugar a un nuevo movimiento alcista. El *reversal* en el VIX señala el principio del fin de una fase de miedo bursátil, pero no necesariamente el fin absoluto de la corrección. Por ello no deben utilizarse los puntos de inflexión del indicador del miedo como una señal automática de inversión o *trading*, sino como una valiosa nota informativa de que el giro en las cotizaciones está a punto de producirse (figura 22.6).

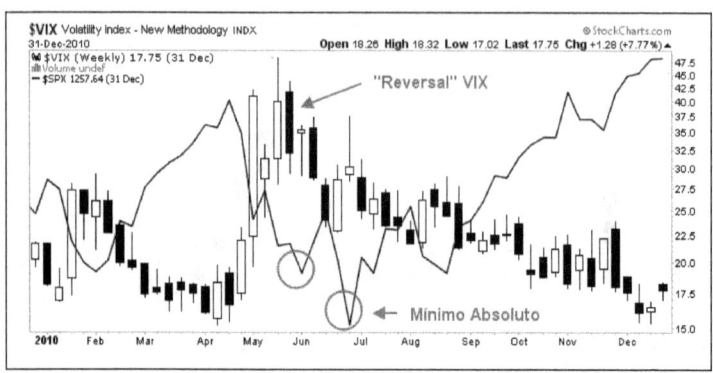

figura 22.6

También se hace necesario explicar que un evento de alta volatilidad en el VIX no siempre finaliza con un *reversal* sencillo. Es frecuente la observación de ecos de *volatilidad*[8], especialmente durante los grandes pánicos bursátiles (figura 22.7). Es decir, la observación de dobles techos en el VIX cuya razón existencial es la misma que se explica en el capítulo 14 para las figuras técnicas de *doble suelo*: ante una situación de gran incertidumbre los agentes del mercado difícilmente otorgan credibilidad al primer signo de cambio, frecuentemente necesitando una reevaluación de un nivel anterior para verificar que se está ante un punto de inflexión significativo.

En cualquier caso, lo relevante es el primer reversal, pero hay que ser conscientes del hecho de que tras ese primer giro a la baja del VIX, éste no siempre desciende de forma instantánea.

---

8. *Echo Volatility and Another VIX Double Top* http://vixandmore.blogspot.com.es/2011/08/echo-volatility-and-another-vix-double.html

figura 22.7

Aunque la norma es que los giros o puntos de inflexión del VIX se produzcan de manera relativamente veloz, sean simples *reversals* o dobles techos, en contadas ocasiones asistimos a un proceso donde el VIX permanece en elevados niveles durante un tiempo inesperadamente prolongado. A veces ocurre, pero al igual que sucede con los ecos de *volatilidad*, lo relevante es el primer *reversal* visible tras un repunte del *indicador del miedo* (figura 22.8).

figura 22.8

Detectar estos puntos de giro del VIX es de utilidad tanto en un mercado bursátil alcista como en uno bajista, sin embargo, las diferencias son importantes. Si se produce un punto de inflexión en el VIX durante un mercado macroeconómico y bursátil alcista, las probabilidades son elevadas de que nos encontremos ante un mínimo bursátil relevante dentro de esa tendencia alcista. Si se produce un *reversal* durante un mercado bajista, probablemente sólo se trate de un rebote de corta duración difícilmente aprovechable. El VIX por sí solo no ofrece una gran ventaja bursátil, sin embargo, su uso junto con el análisis macroeconómico genera una sinergia analítica y operativa de orden superior. En mi pequeño libro de apuntes bursátiles "Contrarian Investing: aprendiendo el lenguaje secreto del mercado"[9] escrito en 2010, mostraba como el retorno del índice S&P 500 tras un *reversal* del VIX es significativamente diferente si el contexto es de expansión económica -diferencial curva de tipos mayor a 200 y 300 puntos básicos- que si se produce en un entorno de contracción -curva de tipos invertida- (tabla 22.9).

---

9. *"Contrarian Investing: aprendiendo el lenguaje secreto del mercado"* página 108 http://www.ferrerinvest.com/libro-contrarian.html

Evento	Rentabilidad S&P 500 1 mes	Rentabilidad S&P 500 3 meses
Revesal VIX con diferencial Bono 10 años - Letra 3 meses > 200 p.b.	1,8%	3,31%
Revesal VIX con diferencial Bono 10 años Letra 3 meses > 300 p.b.	-1,5%	4,02%
Revesal VIX con diferencial Bono 10 años - Letra 3 meses > 0 p.b.	0,84%	2,15%

tabla 22.9

Techos, puntos de inflexión o *reversals* del VIX -diferentes términos para un mismo fenómeno- se producen en todo tipo de mercados. Durante un mercado alcista, frecuentemente un repunte significativo del VIX será el que se produce el torno al 25%. Y eso es una oportunidad. Otras veces, durante un régimen generalizado de mayor volatilidad, un reversal sólo será significativo si supera el nivel del 35%. ¿Cómo distinguir cuando un repunte es significativo de uno que no lo es? Sencillamente observando el rango de los últimos meses. Significativo será todo aquello que se observe como una lectura alta dentro de ese rango, pero no hay que olvidar que el pánico de los operadores siempre puede elevarse hasta cotas extremedamente altas y que lo importante es detectar el cambio de psicología que se produce en medio de una fase turbulenta del mercado, (figura 22.10) no pronosticar cuándo terminará el pánico.

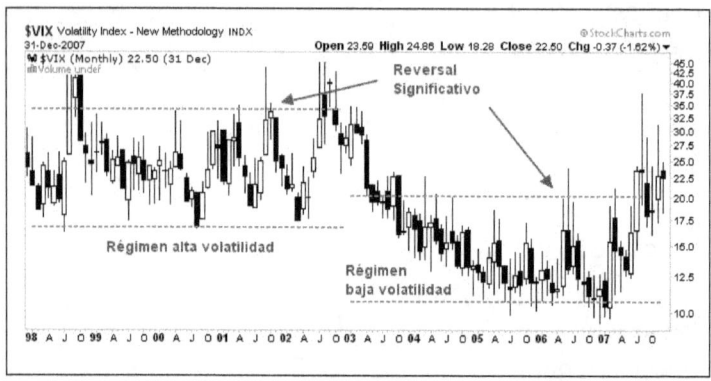

figura 22.10

Los mayores registros de incertidumbre registrados por el VIX (tabla 22.11) son aquéllos que se han producido durante intensas correcciones bursátiles o los que han tenido lugar al final de un mercado bajista durante una recesión. Estos grandes techos históricos siempre se forman sobre el nivel del 40% a excepción del techo que formó el VIX durante la gran recesión global de 2007-2009; en ese caso formó su techo en torno al 90%.

Ranking	Fecha	Máximo %	Evento
1º	Octubre 2008	89,53	Gran crash 2008
2º	Mayo 2010	48,20	Crisis deuda soberana europea
3º	Julio 2011	48,00	Crisis deuda soberana estadounidense
4º	Octubre 1998	45,74	Eco volatilidad Septiembre 1998
5º	Septiembre 1998	45,29	Crisis financiera rusa
6º	Agosto 2002	45,08	Quiebra Worldcom, fin mercado bajista
7º	Septiembre 2001	43,74	Ataque terrorista 11-S

tabla 22.11

Los grandes techos históricos no se diferencian de los de menor alcance: durante un tiempo la incertidumbre aumenta lo cual se refleja en velas semanales alcistas en el VIX. En un momento dado, por circunstancias conocidas o desconocidas, la psicología de los operadores del mercado empieza a cambiar de signo y se puede observar un *reversal* en el indicador. Si este punto de inflexión en elevadas cotas se produce al final de un mercado bajista en medio de una recesión, es probable que sea la más temprana de las señales de que un nuevo gran ciclo alcista está por nacer.

En los tres últimos capítulos del libro (24, 25 y 26) entraremos de lleno en cómo utilizar el VIX para analizar y operar el mercado de acciones

23 Psicología personal e inteligencia emocional

El hombre fue evolutivamente esculpido para un mundo que no es en el que actualmente habita. En los tiempos remotos una efectiva psicología de masas era necesaria para la supervivencia de la especie. Cuando un miembro de la tribu detectaba un problema, rápidamente lo comunicaba al resto de miembros para que las probabilidades de supervivencia del grupo se mantuvieran altas. Si en la llanura aparecía un depredador del hombre, el grito de alarma de uno ponía a salvo a muchos. Pero ese mundo ha dejado de existir. Nos rodea un entorno diferente y moderno, tanto en lo material como en lo intelectual. Las masas, los hombres y mujeres como conjunto, disfrutan de una psicología brutalmente animal y poco reflexiva. Si se inicia un pequeño fuego en el teatro, probablemente la mayoría de los muertos serán por aplastamiento y no por el fuego, ya que nuestra primera reacción instintiva es temer las llamas no siendo capaces de calcular individualmente si nuestras reacciones encadenadas como grupo representan un peligro aún mayor.

La psicología de masas funcionaba más o menos bien cuando un mamut aparecía en el valle y todos corrían despavoridos gritando y haciendo llegar a los demás miembros de la comunidad la alerta del inminente peligro. De esta manera la mayoría se salvaba. Hoy en día vivimos en un entorno complejo y muchas veces contraintuitivo. Seguimos teniendo una psicología de masas propia de la época salvaje, pero nuestro mundo ya no es la sabana africana. Nuestro mundo ni siquiera es un teatro en llamas con una puerta estrecha. El mundo del siglo XXI es un confuso laberinto de información que muta constantemente. Y con la información el ruido se ha intensificado pero nuestro primitivo cerebro y nuestras reacciones fisiológicas y psicológicas siguen siendo las que eran.

En este mundo rebosante de ruido los peligros se multiplican. Los mamuts de hoy en día son *unidades de información*: a veces noticias y la mayor parte del tiempo pseudonoticias, crónicas y chismorreo. Ya no corremos al ver a un animal salvaje, corremos y actuamos al ritmo de las informaciones. Informaciones que son volátiles, maleables y replicables hasta el punto de que en el valle ya no se presenta un mamut de vez en cuando. Ahora el valle está lleno de mamuts, la mayoría imaginarios pero que las masas sienten como reales. Las sombras de la caverna de Platón se han multiplicado y vuelto más confusas. El resultado son corrientes de opinión irreflexivas y veloces que se propagan al ritmo de los miedos y temores de las masas. Las estampidas de hoy en día son a través de twitter, la televisión o los periódicos online con su información al instante.

Uno de los mejores secretos para invertir sabiamente en bolsa, es comprar acciones cuando todos venden y venderlas cuando todos compran -aunque con múltiples matices como hemos visto-. Esto es fácil y hasta poético de decir, pero a la hora de la verdad nuestro juicio suele estar profundamente influenciado por la opinión y el sentir general. Cuando la economía se encuentra francamente mal, los economistas de mayor prestigio nos advierten de los peligros y comprar acciones aparenta ser un acto de locura, usualmente ese es el momento idóneo para pulsar la tecla de compra o de llamar a nuestro broker para invertir. Sin embargo, aunque conozcamos a la perfección la *teoría de la opinión contraria*, es probable que la enorme mayoría de nosotros no siga el consejo porque estamos gravemente afectados por la psicología de masas.

Nos creemos independientes, seres libres de la creación, pero como el psicólogo de la universidad de Yale Stanley Milgram demostró en 1961 con su sorprendente experimento *Estudio del comportamiento de la obediencia*[1], si somos sutilmente sugestionados por una autoridad para provocar la muerte de una persona, lo haremos.

En la investigación de Milgram el objeto de estudio fueron unos voluntarios a los que se les dijo que el experimento trataba sobre *El estudio de la memoria y el aprendizaje* en vez del verdadero *Estudio del comportamiento de la obediencia*. A esos voluntarios se les pagó por participar en el experimento unos 4 dólares -40 dólares de hoy en día-, una cantidad como dieta imposible de influir en los resultados.

El experimento lo componían tres grupos de personas:

a) el investigador

b) el voluntario ignorante del verdadero experimento

c) un actor al servicio del investigador y que el voluntario

---

1. *Behavioral Study of Obedience, Stanley Milgram* http://www.columbia.edu/cu/psychology/terrace/w1001/readings/milgram.pdf

cree ser otro voluntario

Al voluntario ingenuo a la situación se le informa que el investigador realizará un test a otro voluntario -actor-, el cual tiene unos electrodos conectados a su cuerpo a través de los cuales recibirá -falsas- descargas eléctricas que el voluntario ha de activar mediante un panel de control cada vez que el actor yerre en las respuestas del investigador. Al voluntario se le ha informado previamente de los diferentes voltajes a aplicar cada vez que el investigador -la autoridad- se lo ordene y de cómo la potencia de las descargas se incrementará a medida que el falso voluntario se equivoque en la sucesivas preguntas; se le dice que estas descargas eléctricas pueden ser muy dolorosas, pero que en ningún caso el otro voluntario sufrirá daños irreversibles. Por su lado, el actor está aleccionado para simular quejas de distinto tipo a medida que se incrementa gradualmente el voltaje de las descargas, variando desde simples quejas al principio, pasando por golpes en el módulo de vidrio más adelante y hasta posteriormente pedir la paralización del experimento a gritos arguyendo que está enfermo del corazón. Cuando se alcance el nivel de los 270 voltios simulará la agonía y a partir de los 300 voltios fingirá un coma mediante el silencio total hasta el fin de las descargas: los 450 voltios.

La configuración física del experimento es la que se muestra en la imagen 23.1: a un lado de una estancia dividida por un vidrio no transparente se encontrarán el investigador y el voluntario ingenuo que recibe órdenes del investigador y al otro lado el actor.

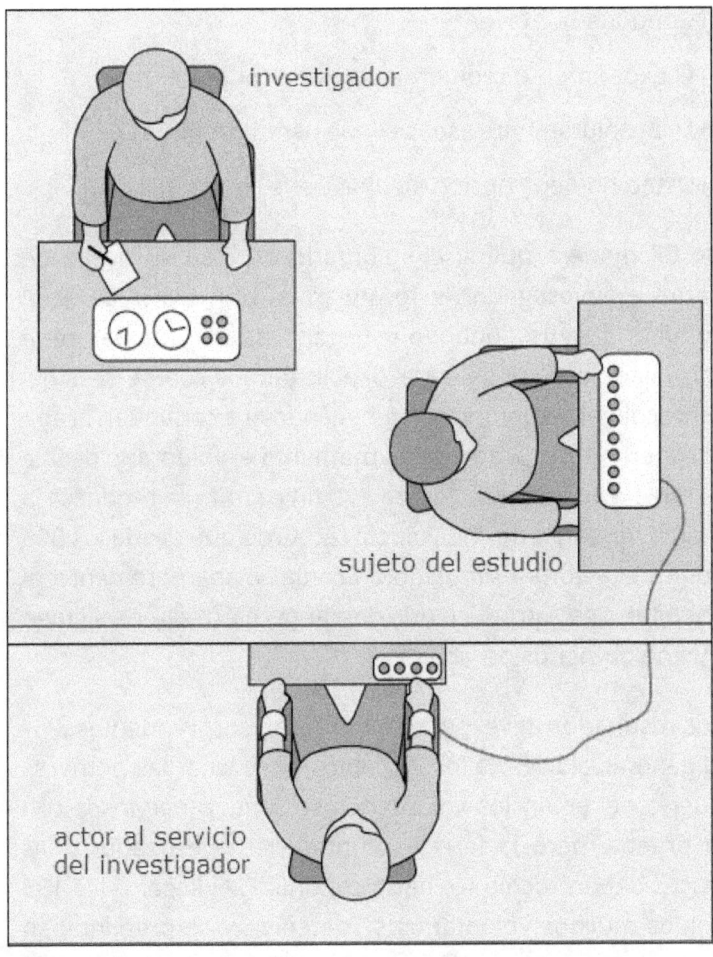

imagen 23.1

En caso de que durante el transcurso de la prueba el voluntario presente dudas o su deseo de parar de producir descargas en el actor a medida que este yerra a las preguntas, el investigador tendrá un protocolo de frases para inducir al voluntario a continuar. Las frases serán:

1) Continúe por favor.

2) El experimento requiere que usted continúe.

3) Es absolutamente esencial que usted continúe

4) Usted no tiene opción alguna. Debe continuar.

De tal manera que si el voluntario expresa su deseo de parar, el investigador le formulará la primera frase. Si el voluntario sigue dudando o negándose a continuar se le formulará la segunda frase. Si al llegar a la cuarta frase del protocolo el voluntario sigue negándose a continuar, acaba el experimento. Si en ningún momento el voluntario decide parar, el experimento llegará a su fin cuando se produzca la última descarga de 450 voltios; recuerde que desde los 300 voltios el actor ha simulado un coma, y, aparentemente, el voluntario está produciendo descargas eléctricas en alguien que no da signos de vida.

Los resultados del experimento fueron sorprendentes. Por lo general, al llegar a los 75 voltios y escuchar las primeras quejas del actor, los voluntarios se sentían nerviosos con la prueba, pero la férrea voluntad del investigador y las frases del protocolo les hacía continuar. Al llegar a los 135 voltios muchos voluntarios se detenían y se preguntaban por el propósito del experimento y cierto número de ellos comentaron que no se hacían responsables de las consecuencias del experimento, derivando la responsabilidad al investigador a pesar de que el propio voluntario era quien suministraba las descargas. Otros muchos participantes empezaban a reír nerviosos ante las quejas del actor. Sin embargo, a pesar de todos estos reparos la realidad es que el 65% de los voluntarios (26 de 40) aplicó la descarga máxima de 450 voltios, aunque es cierto que muchos se sentían incómodos al hacerlo. Todos los voluntarios se pararon a reflexionar en cierto punto para cuestionar el experimento, algunos incluso solicitaron devolver el dinero que le habían pagado, pero ningún participante se negó a producir la descarga de 300 voltios, a pesar de las terribles quejas del actor y de que desde el nivel de los 270 voltios estaba aleccionado para simular agonía extrema.

El experimento de Milgram, aunque se centró en la obediencia a la autoridad, nos muestra cuán débil es la condición humana que hasta somos capaces de matar a otro ser humano si somos apropiadamente inducidos a ello. Si sustituimos la autoridad del investigador por la autoridad de la sociedad -el pensamiento predominante- y las descargas eléctricas por la compraventa bursátil, entonces es posible entender cómo el operador puede estar influenciado de igual manera a la hora de tomar sus decisiones.

Cuando las masas piensan que no hay mejor momento para comprar acciones es difícil pensar de forma diferente. No son 4 frases de un protocolo las que escucha el operador, sino el incesante opinar de expertos, medios de comunicación y los demás miembros de la sociedad incluido familiares y amigos. Es muy difícil ser bajista cuando la burbuja bursátil acaba de explotar y es muy difícil ser alcista cuando se inicia la tendencia primaria alcista durante el transcurso de una recesión. Y, sin embargo, esos son los mejores momentos para iniciar una posición bursátil: cuando la tendencia primaria nace y casi nadie reconoce la nueva realidad. Si el operador espera a que la mayoría esté de acuerdo, acabará perdiendo tiempo y largas sumas de dinero.

Otro experimento que demuestra la dificultad para mantenernos independientes con respecto a los demás, es el que realizó Solomon Asch con el título de *Experimento de conformidad con el grupo*[2] y que simplemente reunía en una sala a 9 personas de las cuáles sólo 1 era el voluntario ingenuo y los demás eran cómplices del experimento. A los nueve participantes se les mostraba 18 tarjetas como la que se puede ver en la imagen 23.2. Dentro del recuadro izquierdo se muestra una línea y dentro del recuadro derecho se muestran tres líneas pero sólo una es la misma longitud que la de la izquierda. El investigador preguntaba a los nueve miembros del experimento que señalaran qué línea del recuadro de la derecha era de la misma longitud que la línea del recuadro de la izquierda. Los 8 cómplices estaban aleccionados para responder correctamente en las dos primeras tarjetas y fallar a partir de la tercera.

Lo sorprendente del experimento es que en circunstancias normales un sujeto sólo se equivocaba el 1% de las veces, pero cuando se encontraba a un grupo opinando otra cosa incluso en algo tan evidente como la longitud de una línea, los sujetos del experimento fallaban un 36,8% de las veces.

---

2. *Experimento de conformidad con el grupo* https://www.youtube.com/watch?v=qA-gbpt7Ts8

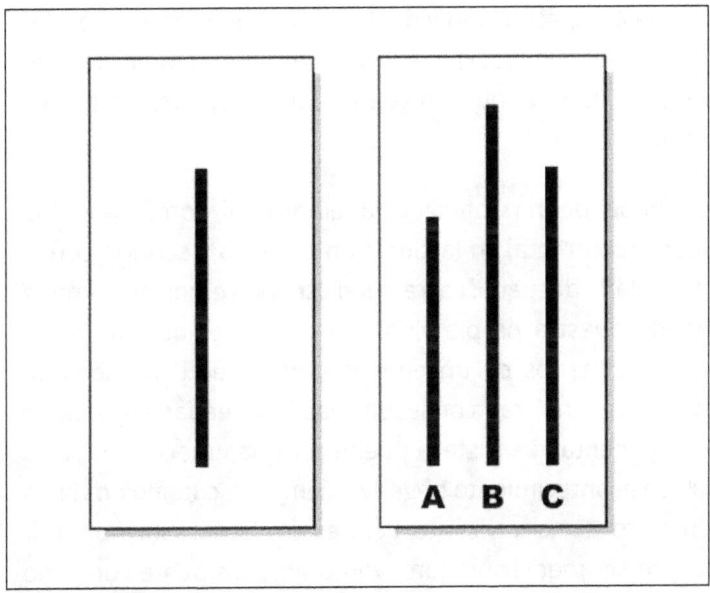

imagen 23.2

El primer paso para crecer como operadores independientes de los gustos y opiniones de los demás, es entender la frágil naturaleza de nuestra individualidad, especialmente cuando nos jugamos nuestro dinero. El segundo paso es observar cómo la mayoría de los inversores suelen estar profundamente equivocados en los puntos de giro del mercado y, a veces, durante largas fases de las tendencias bursátiles. Solo la experiencia cosechada durante años de acontecimientos bursátiles y una correcta observación de las opiniones del público pueden enseñarnos definitivamente como hemos de pensar para no pertenecer a la masa.

Inteligencia Emocional

Aparte de entender la psicología del mercado y trabajar

en nuestra propia individualidad, es necesario entender que durante la operativa corremos el riesgo de no ser emocionalmente inteligentes, lo que se traduce en graves pérdidas.

Se puede definir inteligencia emocional como sentir la emoción correcta, en la situación correcta y sentirla con la intensidad adecuada. La ira puede ser una emoción correcta cuando nuestra propia vida o la de un ser querido corre peligro a manos de un enemigo. Pero sentir ira sentado en el despacho trae consecuencias indeseadas en la salud física y mental. La tristeza puede ser una emoción correcta tras un acontecimiento negativo siempre y cuando nos sirva como proceso cicatrizante. Pero es un claro trastorno sentir tristeza sin mediar ningún evento objetivamente contrario a nuestra persona o sentirla durante demasiado tiempo.

Igualmente, cuando se está negociando en el mercado de acciones hay emociones correctas a sentir y emociones que si se sienten en el momento inadecuado pueden llevarnos a obtener cuantiosas pérdidas. En definitiva, un operador puede tener inteligencia emocional o carecer de ella.

Cuando se introduce una nueva operación lo adecuado es sentir un sano escepticismo o incluso indiferencia por la que va a ser una operación más en nuestra carrera bursátil. Además, incluso las mejores operativas tienen un alto porcentaje de errores y, por tanto, no tiene sentido alguno proyectar emociones positivas o negativas sobre la que va a ser esa próxima operación.

Sin embargo, el operador novato y el permanentemente

poco afinado comete el error de sentir un tipo de extraña euforia o fiebre en el momento de entrar en el mercado y otra serie de emociones incorrectas a lo largo de la operación que le llevan a obtener resultados muy pobres en su actividad. En la figura 23.3 se representa una hipotética situación de mercado en la que se detallan las emociones incorrectas que puede sentir un *trader* que está operando mal.

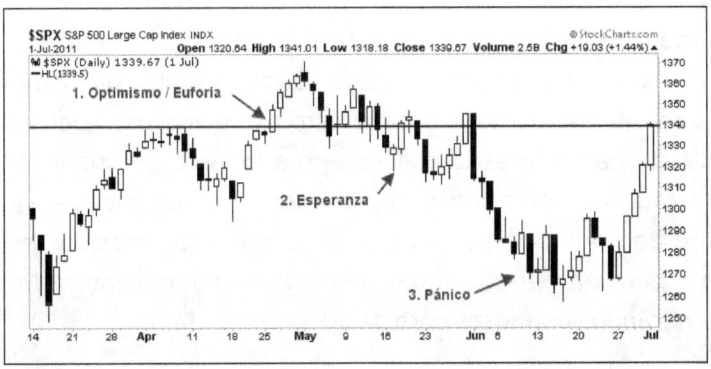

figura 23.3

Hemos imaginado que nuestro mal operador ha decidido entrar al alza en el mercado durante los últimos días del mes de abril porque considera que la tendencia es alcista y, además, observa que el mercado está rompiendo una resistencia. Esto en sí mismo puede ser muy correcto, especialmente si la tendencia macroeconómica es alcista, pero el problema es que el operador falto de inteligencia emocional ya entra en el mercado con esa fiebre que hemos descrito anteriormente o con una especie de ceguera codiciosa que le hace perder todo sentido de la realidad.

Mal asunto, porque en aquellas ocasiones en las que se posiciona en el mercado y este se gira a la baja, nuestro mal operador encadenará una mala emoción con otra. Donde inicialmente existía euforia ciega, ahora nuestro operador siente esperanza con las primeras pérdidas. Esta emoción de la esperanza es la emoción que más dinero ha hecho perder a los inversores a lo largo de los tiempos. Sentir esperanza cuando nuestra operación empieza a ir mal nos hace permanecer en el lado equivocado del mercado sin cortar las pérdidas rápidamente. Por esto es una emoción incorrecta. Sí, a veces el mercado volverá a subir y parecerá que sentir esperanza era lo correcto o que nuestros ruegos al cielo han sido escuchados, pero a lo largo de una vida de muchas operaciones, lo que veremos -de media- es que aquellos operadores que cosecharon la emoción de la esperanza vieron como el mercado siguió descendiendo generando cuantiosas pérdidas.

Finalmente, en el caso de las operaciones que no salen bien, el mal operador consigue encadenar una tercera emoción equivocada antes de cerrar la operación. Si al comienzo sentía un irracional optimismo por lo que solo era una operación más y aquel optimismo se transformó en esperanza que le llevó a aguantar pérdidas, ahora el mal operador, que sigue dentro del mercado, entra en pánico al observar que las pérdidas se aceleran y comienzan a ser astronómicamente abultadas o que incluso comprometen su salud financiera, mental y física.

El resultado final de esta falta de inteligencia emocional, es un operador que ha aguantado una operación equivocada demasiado tiempo, con el resultado de una gran pérdida y que devastado emocionalmente decide, por fin, liquidar su posición. Para más *inri* ese suele ser el momento en el que el mercado forma definitivamente un suelo.

Sigamos con el ejemplo de la falta de inteligencia emocional pero ahora pongámonos en el caso contrario. Nuestro mal operador en un ataque revanchista decide a los pocos días que el mercado sigue siendo alcista y vuelve a posicionarse al alza a mediados de junio (figura 23.4). En este caso el mal operador ha comprado correctamente en términos objetivos porque el mejor momento para comprar es justo después de que los operadores más débiles hayan sucumbido a un pánico -aunque la buena operación de nuestro operador ha sido emplazada por pura casualidad debido a un ataque emocional-. En aquellas ocasiones en las que un mal operador acierta y el mercado comienza a moverse a su favor, se da la paradoja de que este operador mentalmente débil empieza a tener miedo de que sus incipientes beneficios se evaporen rápidamente, lo que le lleva a recoger beneficios sin esperar a la posibilidad de que el mercado vaya mucho más allá ofreciéndole una cuantiosa ganancia que le haga recuperar su anterior pérdida.

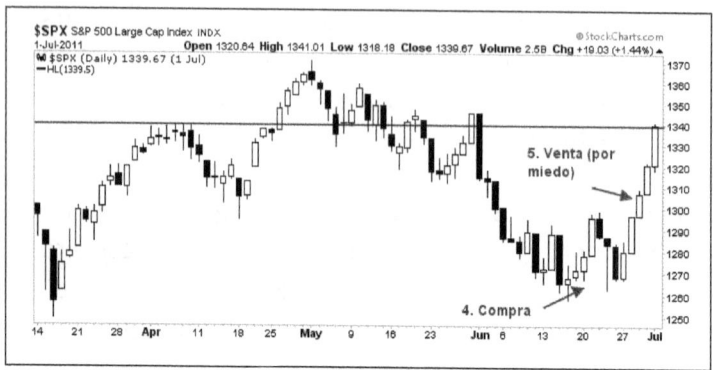

figura 23.4

El resultado final de sentir las emociones incorrectas en las circunstancias bursátiles que cíclicamente se dan es que cuando una operación sale mal, se aguantarán las pérdidas hasta un punto más allá de lo razonable y, por el lado contrario, nunca se dejarán correr las ganancias hasta un nivel que permita obtener un resultado neto positivo. Al final se consiguen pérdidas abultadas y beneficios escasos que acaban por arruinar a los operadores.

Ahora, observemos en la figura 23.5 la misma circunstancia de mercado pero señalando cuáles son las emociones correctas que ha de sentir un buen operador. En este caso el operador ha decidido exponerse al alza a finales de abril porque la tendencia macroeconómica era alcista y las cotizaciones han roto al alza una resistencia. Como este operador es una persona equilibrada, sabe que hay un alto porcentaje de operaciones que marcharán bien desde el principio, pero también que hay un significativo porcentaje de operaciones que saldrán mal, las cuáles habrá que cortar rápidamente antes de que se conviertan en una pesada losa en el bolsillo. Por ello, esta nueva operación la recibe desde un estado de ánimo de indiferencia. Simplemente es una más en su carrera. Si el buen operador tiene un buen método, de media tendrá muchas operaciones ganadoras. Pero por mor del ejemplo hemos supuesto que esta operación, tras ir bien en sus inicios, se ha girado a la baja produciéndole unas primeras pérdidas. ¿Y qué emoción es la correcta cuando se pierde? Sin duda, lo que un buen operador ha de sentir es miedo. Pero no un miedo paralizante que no le lleva a ningún sitio, sino un miedo que le lleva actuar para salvar el peligro: en este caso cerrando la operación y limitando las pérdidas. Exactamente igual que cuando detectamos un coche que está a punto de atropellarnos y la emoción de miedo que nos recorre el cuerpo en esas situaciones nos ayuda a apartarnos del peligro inmediatamente.

Esto puede sorprender a muchos, pero el miedo, al igual que en la vida, tiene sentido si aparece en el momento adecuado.

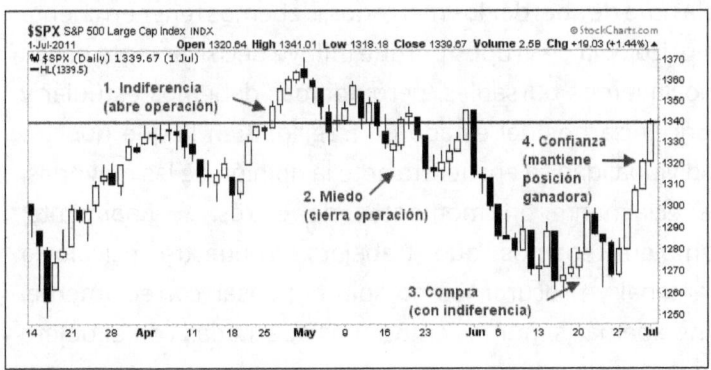

figura 23.5

Una vez que el buen operador está fuera del mercado, olvida rápidamente su pequeña pérdida y se centra en buscar nuevas oportunidades a favor de la tendencia macroeconómica dominante. Por suerte, en el mismo ejemplo, a mediados de junio el buen operador cree detectar una nueva oportunidad al observar que se ha producido un retroceso con ciertas notas de pánico entre algunos operadores: una situación ideal. El operador emocionalmente inteligente entra al alza en el mercado y rápidamente observa que se producen beneficios, pero a diferencia del mal operador siente una confianza racional que le ayuda a aguantar la operación ganadora hasta un punto bastante elevado que en algunos casos le procurarán cuantiosos beneficios. El resultado en la operativa del buen operador es un buen número de operaciones fallidas que no acumulan muchas pérdidas, un buen número de operaciones ganadoras que no le proporcionan grandes ganancias, pero también unas pocas operaciones muy ganadoras que hacen que su resultado final sea excelente.

A la hora de abordar los mercados, debemos tener en cuenta la psicología de grupos porque influye decisivamente en los movimientos bursátiles, pero además debemos estudiar y concienciarnos del estado de fragilidad en la que nuestra individualidad se encuentra ante la opinión de las mayorías, especialmente en momentos de estrés. Y, finalmente, también tenemos que trabajar en nuestra psicología personal y procurarnos no solo el pensar correctamente, sino además sentir las emociones adecuadas con el objeto de desarrollar una operativa satisfactoria.

Lo que otros piensan y sienten, el cómo los demás influyen en nosotros y lo que a nivel personal pensamos y sentimos es un campo fascinante, especialmente cuando se observa desde la óptica bursátil.

Concienciarnos de estos hechos es el primer paso para lograr distanciarnos del pensamiento de grupo y lograr la fortaleza individual necesaria para especular con éxito.

V
Equity Global Macro según Hugo Ferrer

"

El objeto social de la especulación debería ser derrotar a las fuerzas oscuras del tiempo y la ignorancia que envuelven nuestro futuro.

Keynes

"

24. Análisis tendencia primaria bursátil e inversión de largo plazo

Conocer la tendencia primaria del mercado de acciones implica descubrir cuáles son los grandes puntos de inflexión del ciclo económico-bursátil, ya que es en ellos donde nacen y mueren esas grandes tendencias alcistas y bajistas.

Se trata de ser capaces de detectar, con la mayor precisión posible, cuando una economía en expansión y una tendencia bursátil alcista llegan a su fin dando lugar a una recesión económica y a una tendencia bursátil bajista y, en el caso opuesto, detectar con la mayor precisión posible cuando una recesión y una tendencia bursátil bajista finalizan dando comienzo a un nuevo ciclo expansivo en la economía y a una nueva tendencia alcista en el mercado de acciones.

Entender cuando se producen estos puntos de inflexión es de gran valor para todos los tipos de operadores, los de largo, medio y corto plazo. Detectar el gran punto de inflexión en sí mismo puede representar una oportunidad de compra o de venta a largo plazo, pero también es una valiosa información para los operadores de medio y corto plazo que sean capaces de favorecer la direccionalidad de sus operaciones a favor de la nueva tendencia macroeconómica (figura 24.1).

figura 24.1

El inversor de muy largo plazo que invierte en compañías cotizadas sólo encuentra su recompensa observando los ratios de valoración o analizando las condiciones mercantiles de las empresas después de un plazo extraordinariamente largo, como pueden serlo 10, 15 o 20 años. Mientras tanto, durante varios años puede ver cómo las empresas baratas que compró pasan a estar más baratas -y sus pérdidas más abultadas- o cómo el negocio en el que tanto confía no es reconocido en bolsa porque la economía ha entrado en recesión. Sin embargo, puede mejorar sus resultados finales de muy largo plazo con una sencilla observación del ciclo económico-bursátil. Debe sobreponderar las compras en los puntos en los que la economía pasa desde la fase de *contracción acelerada* hasta la fase *contracción desacelerada* y sobreponderar las ventas en la parte final del ciclo, cuando la economía pasa desde la fase expansiva a la contractiva (figura 24.2).

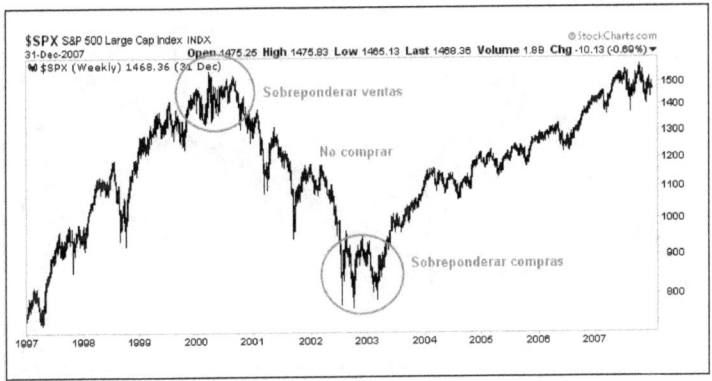

figura 24.2

El operador de medio plazo necesita conocer hacia qué lado del mercado se encuentran las probabilidades ganadoras. ¿Qué sentido tendría siquiera abrir un 50% de operaciones al alza en un mercado bursátil bajista durante una recesión? Cuando la tendencia primaria es alcista, debe sobreponderar las operaciones al alza a medio plazo y cuando se está en una tendencia primaria bajista, debe sobreponderar las operaciones bajistas[1] a medio plazo. En mi opinión, lo más sabio es establecer el 100% de las operaciones a favor de la tendencia macroeconómica general del momento y jamás posicionarse en contra de esa tendencia principal. Así, en una tendencia primaria alcista se buscarán preferentemente operaciones al alza, aunque en algunas ocasiones habrá que defenderse evitando estar expuesto al *lado largo* del mercado. Por otro lado, nunca se deberá buscar el tener exposición bajista en esas circunstancias (figura 24.3).

---

1. Venta corta http://es.wikipedia.org/wiki/Venta_corta

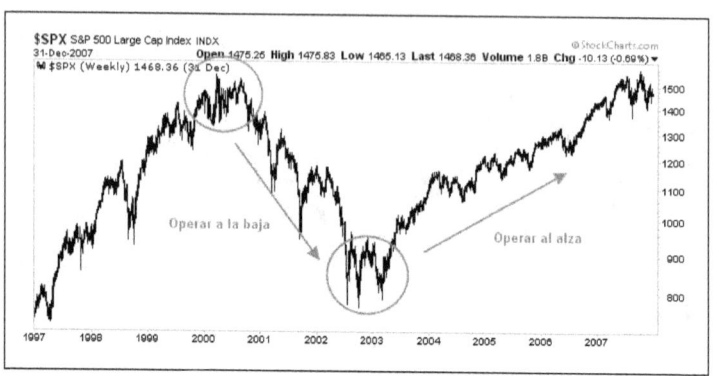

figura 24.3

Igualmente, el operador de corto plazo, que suele tomar sus decisiones en base al análisis técnico ignorando otros factores, vería como sus operaciones ganadoras aumentan si comienza a operar de acuerdo a la gran marea macroeconómica. Durante un mercado alcista es más probable que los patrones técnicos de corto plazo de naturaleza alcista funcionen mejor -más aciertos- que los patrones bajistas que pudieran surgir durante el desarrollo de esa tendencia al alza.

Detectar uno de los grandes puntos de inflexión del ciclo económico-bursátil tiene valor operativo directo para los inversores de largo plazo y un altísimo valor informativo para otro tipo de operadores. Desde el punto de vista del *macro trading*, toda operación de medio y corto plazo comienza con un buen análisis de la tendencia primaria bursátil y por tanto de los grandes puntos de inflexión del ciclo económico-bursátil.

Cómo detectar el fin de una tendencia primaria bajista y el principio de una tendencia primaria alcista

Tras un mercado bajista causado en casi todos los casos por una recesión económica y que de media se prolonga 21 meses en EEUU como muestra la tabla 24.4, se suelen producir 5 eventos clave de tipo macroeconómico, técnico y de sentimiento bursátil que, si son reconocidos por el operador, pueden ayudarle a entender en qué momento la tendencia primaria bursátil cambia de bajista a alcista.

Comienzo	Final	Duración en meses	Retorno anualizado	Retorno acumulado
07/09/1929	01/06/1932	33	-51,5%	-86%
06/03/1937	28/04/1942	62	-16,3%	-60%
29/05/1946	13/06/1949	36	-10,9%	-30%
02/08/1956	22/10/1957	15	-18,1%	-22%
12/12/1961	26/06/1962	6	-45,7%	-28%
09/02/1966	07/10/1966	8	-31,7%	-22%
29/11/1968	26/05/1970	18	-26%	-36%
11/01/1973	03/10/1974	21	-31,7%	-48%
28/11/1980	12/08/1982	20	-16,9%	-27%
25/08/1987	04/12/1987	3	-77,1%	-34%
16/07/1990	11/10/1990	3	-60,6%	-20%
24/03/2000	09/10/2002	30	-23,3%	-49%
09/10/2007	09/03/2009	17	-44,7%	-57%
Media		21	-35%	-40%

tabla 24.4

El orden cronológico en el que se suceden estos 5 eventos tiende a ser el mismo durante todos los grandes puntos de inflexión entre las fases de contracción acelerada y contracción desacelerada; pero se ha de ser lo suficientemente flexible ya que, algunas veces, este orden se altera al producirse un evento antes o después de lo esperado en relación a los demás.

El primero de estos eventos en aparecer durante el final de un mercado bajista es el miedo y el pánico. Sin duda, esto es una definición: todo mercado bajista termina en una fase de pánico y todo mercado alcista nace durante esa misma fase de pánico, ya que el fin de uno y el principio de otro no son más que el haz y el envés del gran punto de cambio.

Aunque se trate de una mera definición cargada de lógica y fácilmente entendible desde la distancia, es necesario ser plenamente conscientes de que todo nuevo mercado alcista nace en el más profundo escepticismo. Es sencillo decirlo aquí, es fácil escuchar y aceptar la teoría; pero cuando llega la hora de la verdad y las noticias son terribles, los expertos de forma casi unánime opinan que la recesión es gravísima y, en definitiva, todo el mundo mantiene una perspectiva negativa sobre la economía y el mercado; es extraordinariamente difícil mantener una opinión propia y contradictoria con respecto a la masa. No es casualidad que el viejo Kostolany[2] dijera:

> *"Resulta extremadamente difícil, sobre todo para un especulador relativamente inexperto, actuar y comprar en contra del consenso general cuando los colegas, los*

---

2. André Kostolany *http://goo.gl/qtprxv*

amigos, los medios de masas y los expertos aconsejan vender.

Incluso aquéllos que conocen esta teoría y desean seguirla cambian su opinión en el último momento bajo la presión de la psicosis de la masa y dicen: "Teóricamente debería entrar ahora, pero esta vez la situación es diferente". Más tarde se confirma que también esta vez hubiera sido mejor actuar "anticíclicamente".

Hay que entrenar mucho, ser frío e incluso cínico para eludir la histeria de la masa. Ésta es la conditio sine qua non para el éxito. Por este motivo solo una minoría especula con éxito en la bolsa. Por lo tanto, el especulador debe ser valiente, comprometido y sabio. Incluso debería ser arrogante. Debería decirse a sí mismo: "Yo lo sé y todos los demás son tontos"

Es plenamente necesario entender que la fase de pánico no señala el fin inmediato del mercado bajista, pero indica el *principio del fin*. Es probable que, después de que aparezca la fase más aguda de pánico, el mercado continúe descendiendo; pero lo que también es probable es que se traten de los últimos movimientos volátiles a la baja. En esa circunstancia del mercado el operador ha de comenzar a pensar anticíclicamente y ser consciente de que un mercado está a punto de morir -el bajista- y que otro a punto de nacer -el alcista-. Es decir, se ha de empezar a actuar anticíclicamente porque pronto habrá más dinero que hacer hacia el lado alcista que hacia el lado bajista.

La fase de pánico o miedo se caracteriza por la publicación de noticias bursátiles a toda página en las portadas de los medios de comunicación generalistas como revistas culturales (imagen 24.5) o periódicos (imagen 24.6).

imágenes 24.5 y 24.6

Al ver estas portadas, el ciudadano medio y también la mayoría de inversores expertos se estremecen de dolor a causa de la gran incertidumbre que sienten; pero el operador que conoce la historia, la naturaleza cíclica de la economía y de los mercados además del carácter de las personas ha de pensar de forma diferente y decirse a sí mismo: "el cambio llegará pronto" (figura 24.7).

figura 24.7

El segundo evento, que se produce durante el gran punto de inflexión entre las tendencias primarias bajistas y alcistas del mercado de acciones, es otro elemento referido al sentimiento bursátil; pero esta vez observado de forma técnica y no subjetiva: las *claudicaciones* que se producen tras un fuerte retroceso o un *crash* porque una gran cantidad de alcistas tiran la toalla y se dan por vencidos vendiendo una gran cantidad de acciones en medio de una situación de gran incertidumbre.

Esta venta acelerada de un gran volumen de títulos suele coincidir con claros suelos bursátiles de medio y largo plazo. Lógicamente, estas claudicaciones suelen producirse durante la misma fase de pánico descrita anteriormente y, por tanto, a la vez que se publican las portadas catastrofistas en los medios generalistas. Adicionalmente, se pueden producir otras señales de claudicación en las semanas y pocos meses posteriores al momento de mayor pánico.

Es consustancial al fin de un mercado bajista que existan varios retrocesos en los que muchos operadores tiran la toalla porque los inunda un estado de completo escepticismo. Cuando se detectan uno o varios de estos eventos claudicatorios en un periodo de unas pocas semanas, podemos tener una alta certidumbre de que el mercado bajista está agotado. En el capítulo 13 hemos hablado de que tenemos a nuestra disposición dos formas de analizar las claudicaciones del mercado: o bien mediante el llamado Indicador de Claudicación, que emite señal cuando el mercado retrocede un 10% con respecto a su media de 50 sesiones (figura 24.8, días exactos en que se activaron señales en el Indicador de Claudicación entre 2008 y 2009) o bien el Ratio 50:150, que nos permite detectar las grandes claudicaciones del mercado cuando un número suficiente de las acciones que componen un índice se encuentran por debajo de las medias de 50 y 150 sesiones, eventualidad que se refleja cuando el ratio es inferior a 0,25 como ocurrió durante el crash de 2008 (figura 24.9).

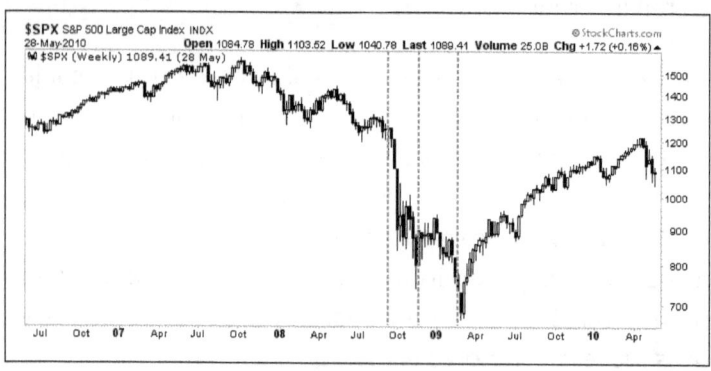

figura 24.8

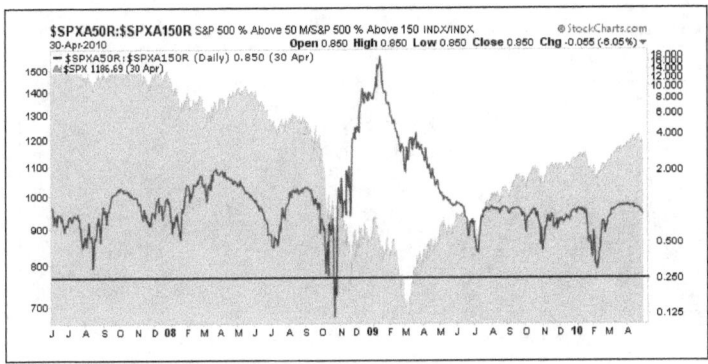

figura 24.9

Estos eventos técnicos de ninguna manera indican por sí mismos que el mercado inmediatamente comenzará a escalar posiciones formando una nueva tendencia primaria alcista, pero sí que se producen en el último tramo de un mercado bajista y por lo tanto el hecho de que aparezcan es significativo de que un cambio en las tendencias primarias se producirá en las siguientes semanas.

El tercer evento que se produce al final de un mercado bajista es un fortísimo repunte en el índice de volatilidad implícita, también llamado VIX. Cuando la incertidumbre es máxima, como cuando el mercado se encuentra en una fase de miedo o pánico, el VIX se eleva considerablemente. Lo relevante, como vimos en el capítulo 22, es detectar cuando ese repunte de pánico se detiene y empieza a revertir, fenómeno que podemos advertir mediante la observación de patrones de vuelta -*reversals*- en la representación del VIX con velas semanales tipo *candlestick* (figura 24.10).

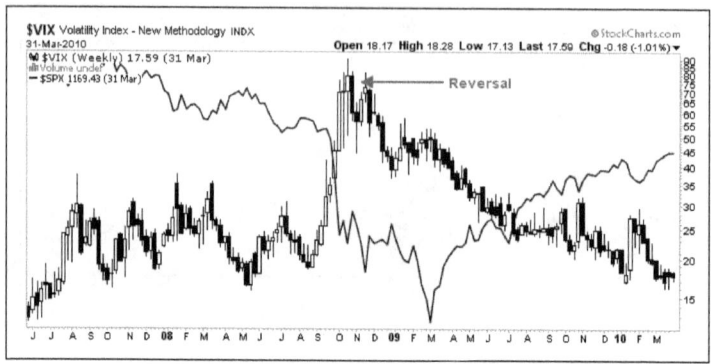

figura 24.10

Al igual que ocurre con las portadas *catastrofistas* en los medios de comunicación o las claudicaciones técnicas, un gran *reversal* del VIX no es por sí mismo una señal de compra y aún es posible que se sucedan nuevos mínimos en las cotizaciones bursátiles durante algunas semanas más, pero sí es una precisa señal que indica que la fase más aguda de pánico está quedando atrás y que pronto un nuevo mercado alcista nacerá.

El cuarto evento que se produce durante la fase de cambio entre las tendencias bajistas y las alcistas de la bolsa es el *giro* de los indicadores macroeconómicos más adelantados. Se entiende por giro un cambio de situación en estos indicadores desde su fase de *contracción acelerada* hacia su fase de *contracción desacelerada* (figura 24.11), tal y como vimos en el capítulo 4.

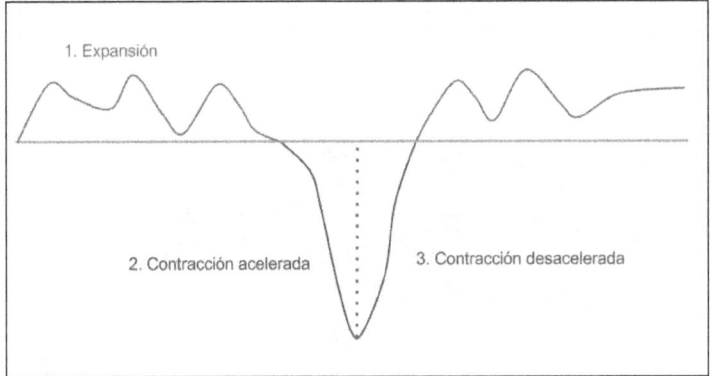

figura 24.11

En las primeras semanas solo unos pocos indicadores económicos adelantados habrán pasado por el punto de inflexión entre ambas fases o incluso será difícil interpretar correctamente si realmente ese cambio se ha producido en esos pocos indicadores. Pero en unas semanas más, si el cambio es verdadero, la mayoría de los indicadores adelantados mostrarán claramente que el ciclo económico ha pasado de la fase de contracción acelerada a la fase de contracción desacelerada. Es decir, en una reducida ventana temporal de pocas semanas y, a lo sumo, de muy pocos meses, cuando detectemos que la mayoría de los indicadores adelantados han girado al alza interpretaremos que el ciclo económico está cambiando. En las figuras 24.12, 24.13, 24.14 y 24.15 se muestran algunos ejemplos de indicadores económicos que han pasado de la fase de contracción acelerada a la de contracción desacelerada.

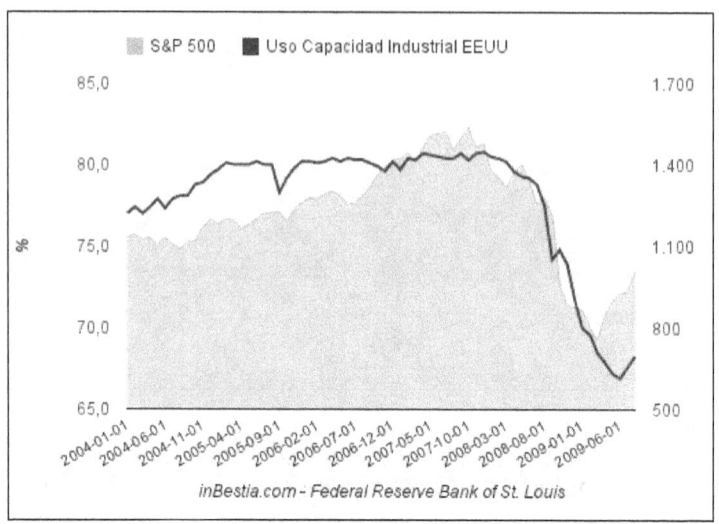

figura 24.12

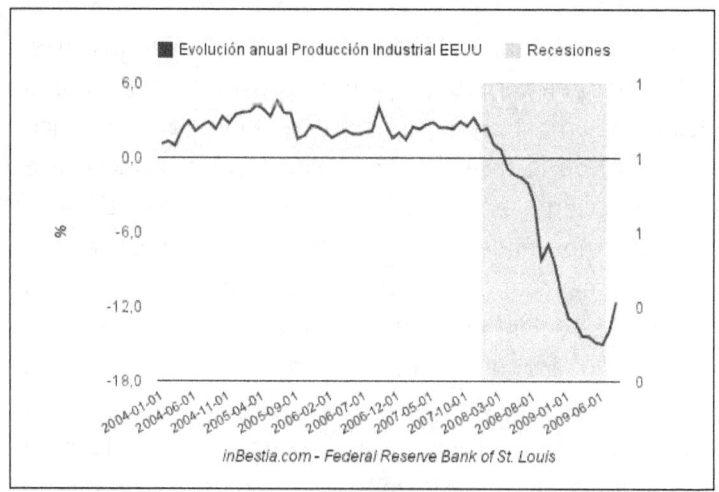

figura 24.13

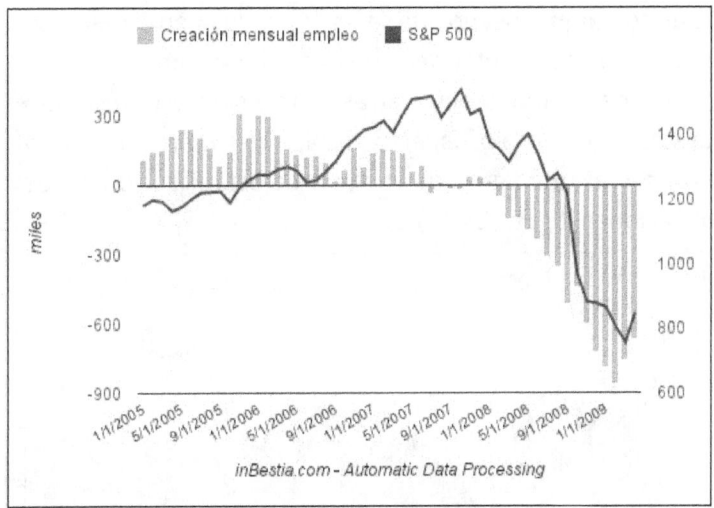

figura 24.14

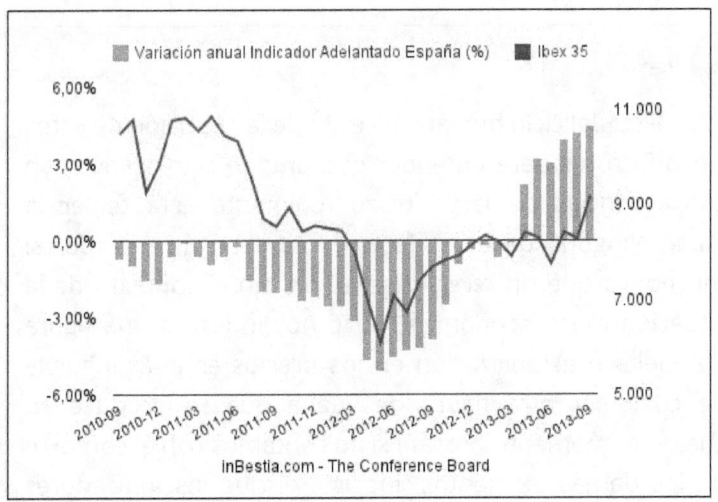

figura 24.15

El quinto y último hecho que se ha de producir en el mercado de acciones para entender que el ciclo económico-bursátil está comenzando a dejar atrás la recesión y el mercado bajista, es el propio aspecto técnico del mercado: se ha de observar una figura de vuelta o de estabilización en las cotizaciones (figura 24.16).

figura 24.16

El análisis del ciclo bursátil necesita de la aparición de estos cinco factores para entender que un giro significativo con consecuencias de largo plazo realmente está teniendo lugar. Ninguno de estos factores es determinante por sí mismo, ya que un *reversal* en el VIX, sin el contexto de la situación macroeconómica, poco nos indica; o una figura de vuelta o estabilización en los precios es indistinguible de cualquier otra figura de vuelta que se produce en cualquier momento bursátil si no contamos con el contexto de los demás elementos. Incluso, el que los indicadores macroeconómicos empiecen a señalar que la recesión queda atrás no es muy importante si las cotizaciones siguen descendiendo en línea recta.

La clave es entender que, por lo general, durante una pequeña ventana temporal de entre 2 y 5 meses, tienen lugar estos 5 eventos que confirman el cambio desde la tendencia bajista a la tendencia alcista. A algunos de los lectores, puede que un espacio de entre 2 y 5 meses les parezca demasiado, pero así es el mercado. Además, es un periodo muy corto si se compara con los casi 60 meses (de media) que duran las tendencias bursátiles alcistas.

Una paciente observación durante esos meses de los elementos clave que se producen durante el gran punto de inflexión antes de un nuevo mercado alcista tiene como premio estar desde fechas tempranas en el lado correcto del mercado.

La duración temporal de ese gran punto de inflexión entre las tendencias bajistas y alcistas suele ser proporcional a la intensidad y la magnitud del descenso previo. Así, si hemos asistido a un mercado bajista de varios años de duración en el que las cotizaciones han retrocedido un 60%, cabe esperar, según nos enseña la historia, que la aparición de los 5 elementos clave se produzcan en una ventana temporal de varios meses. Sin embargo, en otros mercados bajistas más benignos de menor duración temporal y donde las cotizaciones han retrocedido menos, lo probable es que los cinco elementos que advierten del inminente giro del mercado tengan lugar en un periodo de una cuantas semanas.

Es importante entender que lo idóneo es detectar estos cinco elementos lo más tempranamente posible, pero si el analista y operador tarda meses o incluso un año en entender que se ha producido el gran punto de inflexión, no ha de caer en la trampa de pensar que *llega tarde* al mercado alcista porque los mercados alcistas suelen prolongarse durante varios años.

Cómo detectar el fin de una tendencia primaria alcista y el principio de una tendencia primaria bajista

El cambio entre la tendencia bajista y la alcista es relativamente sencillo de observar, aunque se tarde algunos meses en detectarlo. Sin embargo, detectar el gran punto de inflexión entre las tendencias alcistas y bajistas es sustancialmente más complicado porque el cambio, por lo general, no se produce mediante grandes claudicaciones, ni viene acompañado de grandes giros repentinos del mercado o por llamativas portadas fácilmente identificables ya que el techo de un mercado suele producirse en una fase de complacencia relativamente sosegada. Aunque, algunas veces, cuando se produce una gran burbuja bursátil, la euforia es la que domina el mercado y el techo también puede producirse en medio de señales llamativas fáciles de detectar por el observador frío y distante.

Lo que sí acompaña a todos los techos de mercado, ya sea al producirse en una fase de complacencia relativamente sosegada o después de una frenética burbuja especulativa, son dos factores clave: el paso del ciclo económico desde la fase de *expansión* hasta la fase de *contracción acelerada* y el deterioro técnico del mercado donde los soportes son perforados a la baja.

Si encontramos una situación en la que los indicadores macroeconómicos han pasado a la fase de contracción acelerada pero el mercado se sostiene sobre sus soportes, es posible otorgar el beneficio de la duda al mercado ya que se podría dar el caso de que los indicadores macroeconómico estén pasando por una fase errática -un caso poco frecuente-.

O si encontramos que el mercado ha roto soportes pero los indicadores macroeconómicos están lejos de señalar contracción acelerada, la historia muestra que es mejor apostar a que el mercado regresará sobre sus soportes -un caso altamente frecuente-.

Pero si los indicadores macroeconómicos han pasado a la fase de contracción acelerada desde la fase de expansión y el propio mercado confirma este hecho con su comportamiento técnico -rompiendo soportes-, el operador ha de entender que las probabilidades señalan que una recesión está en curso.

Observemos el indicador adelantado agregado sobre la economía española elaborado por The Conference Board (figura 24.17) que pasó a terreno negativo en términos interanuales en agosto de 2010 (línea vertical figura 24.17 y 24.18) y el comportamiento de las cotizaciones tras esa señal (figura 24.18).

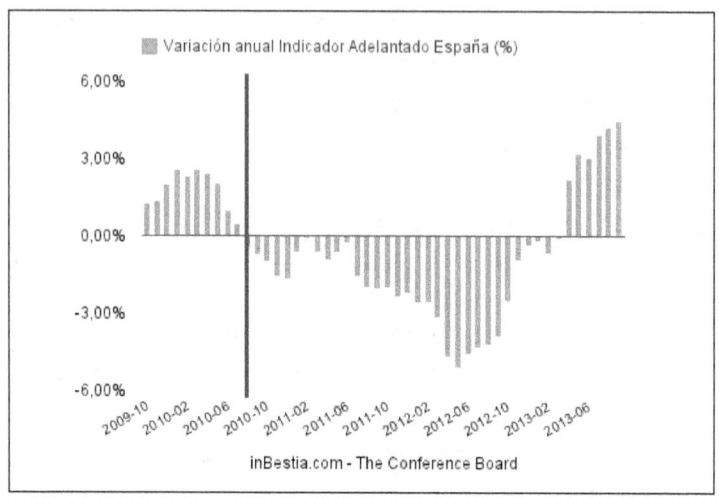

figura 24.17

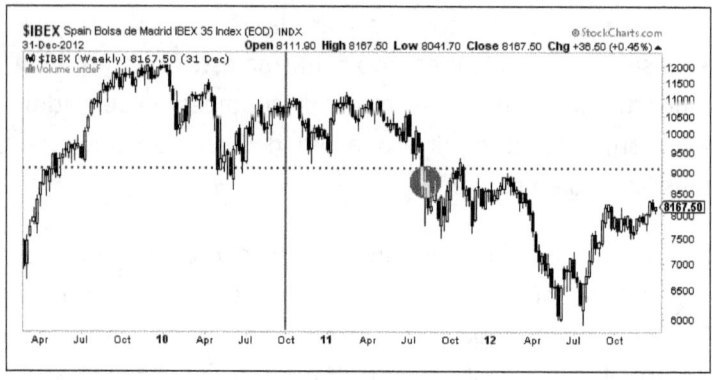

figura 24.18

La bolsa española había escalado posiciones entre marzo y finales de 2009 a medida que las bolsas mundiales se recuperaban y los países alrededor del globo comenzaron a salir de la recesión. Sin embargo, pronto se manifestarían problemas económicos en la eurozona -la crisis de deuda- y la bolsa española no conseguiría formar nuevos máximos a diferencia de las bolsas del norte de Europa o de Estados Unidos. Cuando el indicador adelantado emitió señal de peligro de recesión, el Ibex 35 ya había estado descendiendo durante 10 meses. No obstante, después de que la señal se activara, la bolsa continuaría negociándose en un amplio rango, hasta, nada menos, que agosto del siguiente año en el que las cotizaciones finalmente rompieron a la baja desencadenando un año más de mercado bajista.

Así de complicado puede llegar a ser el detectar el fin de un mercado alcista. Primero, es improbable saber que el ciclo económico bursátil ha hecho techo cuando efectivamente lo hace. Segundo, después de activarse la señal pueden pasar muchos meses con el mercado rebotando. Tercero y la señal definitiva, que el mercado rompa un soporte confirmando lo que el indicador económico agregado señaló puede tardar meses en llegar. Y todo para finalmente sólo poder evitar una parte del mercado bajista, ya sea solo la mitad final del mercado bajista o, en el mejor de los casos, ⅔ del mismo. En cualquier caso, conseguir evitar parte de un mercado bajista es un logro de proporciones épicas y, si además nos ponemos cortos o bajistas podemos ganar dinero cuando la gran mayoría lo pierde.

No obstante, el caso del Ibex 35 durante la recesión de 2010-2012 es un ejemplo extremo en cuanto a erraticidad del mercado antes de descender verticalmente. Observemos ahora la penúltima recesión española que se produjo entre 2008 y 2009. En aquella ocasión el indicador adelantado agregado se tornó negativo en mayo de 2008 (figura 24.19) y solo dos meses después -entre junio y julio de ese año- el mercado comenzaría a perforar a la baja su último soporte significativo (figura 24.20). A partir de ese punto el operador ha de ser consciente de que las probabilidades son decididamente bajistas.

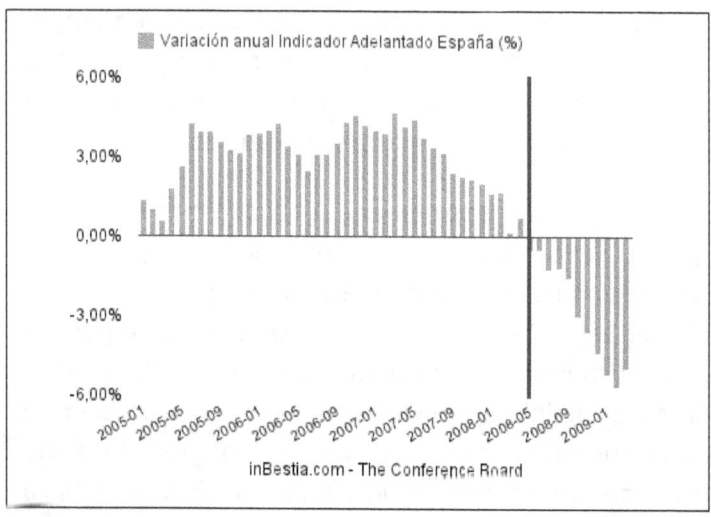

figura 24.19

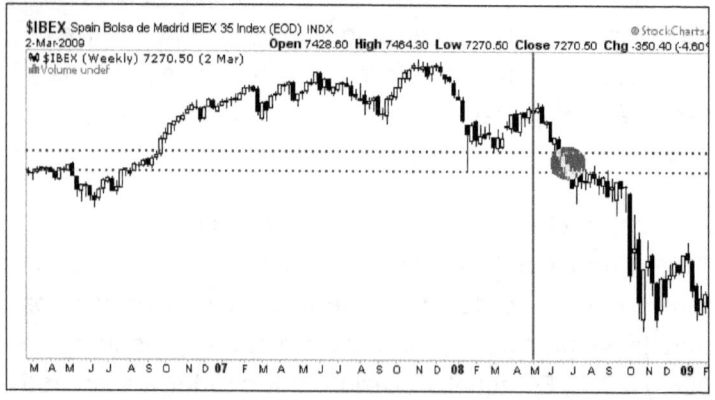

figura 24.20

Desde en el momento en el que se produce un gran punto de inflexión entre las dos tendencias primarias, se ha de entender que la tendencia económico-bursátil general sigue su curso hasta que no tenga lugar otro gran punto de inflexión en sentido contrario.

Observada así la realidad bursátil, podemos decir que el ciclo económico está compuesto de sólo tres fases de interés para el inversor o *trader* macro. La primera es la fase de expansión en la que la economía, a todas luces, se expande y los indicadores macroeconómicos reflejan ese crecimiento. La segunda fase es cuando la expansión se termina, la economía retrocede y los indicadores macroeconómicos muestran un enfriamiento de la actividad que va a peor cada mes que pasa; se trata de la fase de *contracción acelerada*. Y la tercera fase es la que surge tras el punto de inflexión en el que los indicadores macroeconómicos muestran contracción, pero el ritmo de destrucción económica disminuye. Se trata de la fase de *contracción desacelerada*.

Las fases de *expansión (1)* y la de *contracción desacelerada (3)* son alcistas para la bolsa y por ello se han señalado en verde en la figura 24.21. Solo la fase de contracción *acelerada (2)* es claramente bajista para la bolsa.

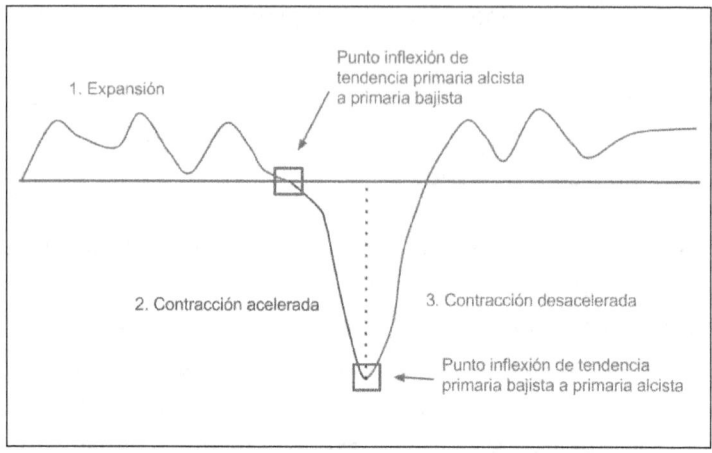

figura 24.21

Una vez identificado, aunque sea en retrospectiva, un gran punto de inflexión entre las tendencias primarias, la tendencia macroeconómica sigue su curso hasta que surge otro gran punto de inflexión. En todo momento debemos ser capaces de definir, con la ayuda de los indicadores macroeconómicos adelantados -los que reflejan de manera más cercana en el tiempo la realidad económica del momento-, si el ciclo se encuentra en la fase 1, la 2 o la 3. La forma de hacerlo es sencilla: los propios indicadores económicos también pasan por esas mismas fases de *expansión, contracción acelerada y contracción desacelerada* (figura 24.22).

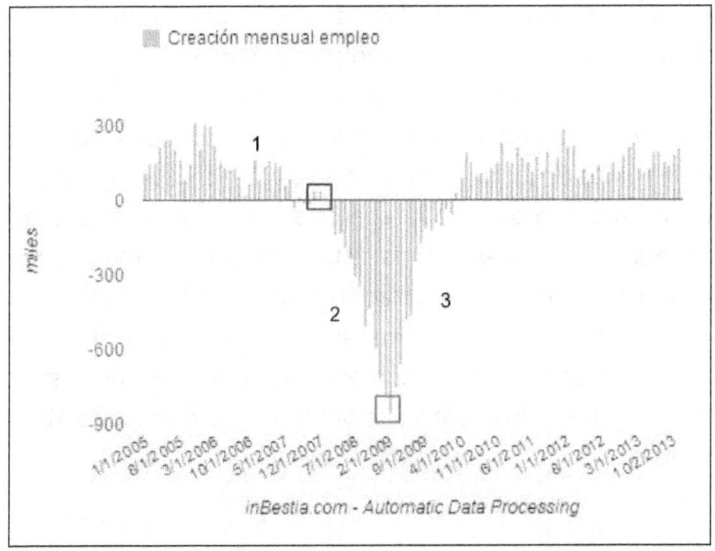

figura 24.22

Para establecer en qué fase nos encontramos, hemos de contar con una batería de indicadores macroeconómicos, amplia pero no extensa, de tal manera que con la ayuda de 8 o 12 indicadores macroeconómicos podamos formarnos una fuerte opinión de en qué situación se encuentra el ciclo. Preferentemente, los indicadores económicos serán los mencionados en los capítulos 5, 6 y 7.

A veces, por causas propias del sector o por factores temporales, alguno de estos indicadores mostrará una información contradictoria respecto a los demás indicadores, por eso es necesario contar con una batería o conjunto de indicadores y hacer caso a lo que indique la mayoría de ellos.

En ciertas ocasiones el problema no será que un indicador refleje una información contradictoria sino que algunos o la mitad de los indicadores muestren una información diferente de la otra mitad. Normalmente esto ocurre cuando estamos en un punto de inflexión del ciclo económico. Lo adecuado en esos momentos es mantenerse a la espera hasta que la información se muestre más clara. La regla general es que con nuestra batería de indicadores adelantados estaremos en posición de definir con precisión el momento de ciclo en el que nos encontramos la mayor parte del tiempo, pero también que habrá breves momentos de duda que son inevitables.

25 Análisis y operativa tendencia secundaria bursátil y trading de medio plazo

Las tendencias secundarias son aquellas con una duración de entre 2 meses y 1 año que se producen dentro de la gran tendencia primaria. Conocer cuál es la tendencia secundaria del mercado de acciones implica conocer cuáles son los puntos de inflexión intermedios, ya que es en ellos donde nacen y mueren esos movimientos de medio plazo.

Al igual que ocurre con la tendencia primaria que es de obligado conocimiento para los diferentes tipos de operadores si quieren negociar con mayores garantías de éxito, las tendencias secundarias son de interés para todos. Para los inversores de largo plazo porque una tendencia secundaria bajista puede ser una oportunidad idónea para tomar posiciones a favor de la tendencia primaria alcista -y viceversa-. Para los operadores de medio plazo ya que, por definición, es en estas tendencias secundarias donde operan. Y también son de capital importancia para los operadores de corto plazo porque, conociendo donde se encuentran las probabilidades alcistas o bajistas en las siguientes semanas, podrán desarrollar una operativa de mayor fiabilidad.

Para un satisfactorio análisis y una correcta operativa de los movimientos intermedios, previamente es indispensable realizar un correcto análisis de cuál es la tendencia primaria. La razón se encuentra en que no es igual un movimiento secundario alcista durante el transcurso de una tendencia primaria alcista que durante el transcurso de una tendencia primaria bajista. En el primer caso, el movimiento secundario al alza suele tener un largo desarrollo en tiempo y en magnitud (figura 25.1), mientras que cuando se trata de un movimiento secundario al alza durante una tendencia primaria bajista, posiblemente sólo se trate de un rebote de corta duración y magnitud el cual, además, es muy difícil de operar (figura 25.2).

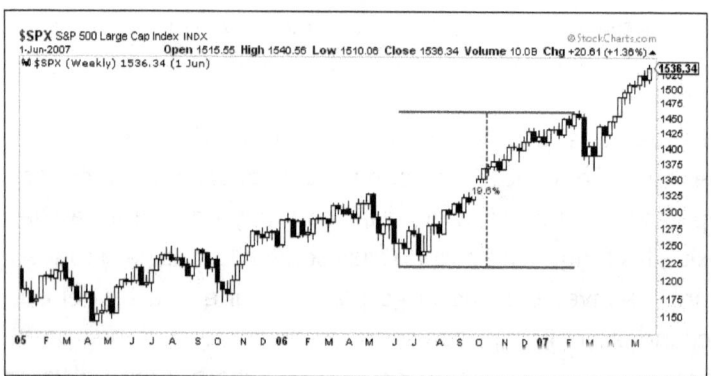

figura 25.1

figura 25.2

Una vez establecida cuál es la tendencia primaria gracias a la detección de los grandes puntos de inflexión y a la continua información ofrecida por los indicadores macroeconómicos (capítulo 24), lo siguiente es tratar de delimitar con la máxima precisión posible los movimientos intermedios que se producen dentro de las grandes tendencias. Es decir, cuándo nace y muere una tendencia secundaria o cuándo se produce un suelo o un techo de medio plazo.

En la búsqueda de este objetivo nos ayudamos de diversas herramientas técnicas y de sentimiento, las únicas posibles cuando nos internamos en un plazo de unos pocos meses. Principalmente estas herramientas son el análisis técnico (capítulo 12 y 14), los indicadores de claudicación (capítulo 13), las encuestas de sentimiento (capítulo 21) y el VIX (capítulo 22).

Los suelos y los techos secundarios no son otra cosa que los puntos de inflexión intermedios en donde surgen y desaparecen las tendencias de medio plazo. De ahí la importancia de su estudio, análisis y detección.

Los suelos -a partir de ahora siempre los suelos intermedios- (figura 25.3) son diferentes de los techos (figura 25.4) como vimos en el capítulo 12 porque en cada uno de esos dos momentos bursátiles operan emociones diferentes. Y en consecuencia, cada una de esas situaciones de mercado se analizan y operan de forma distinta.

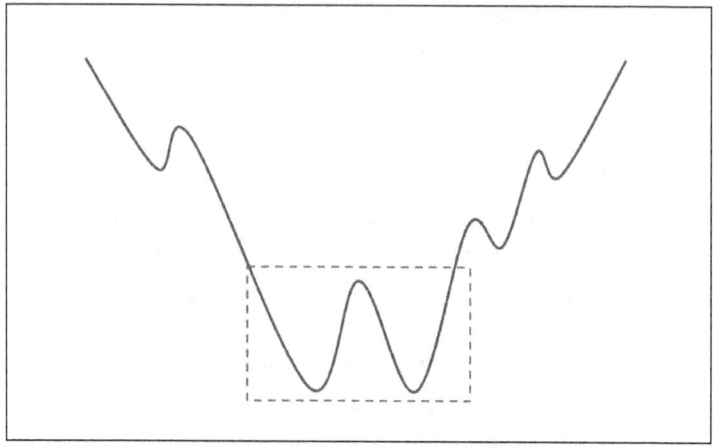

figura 25.3

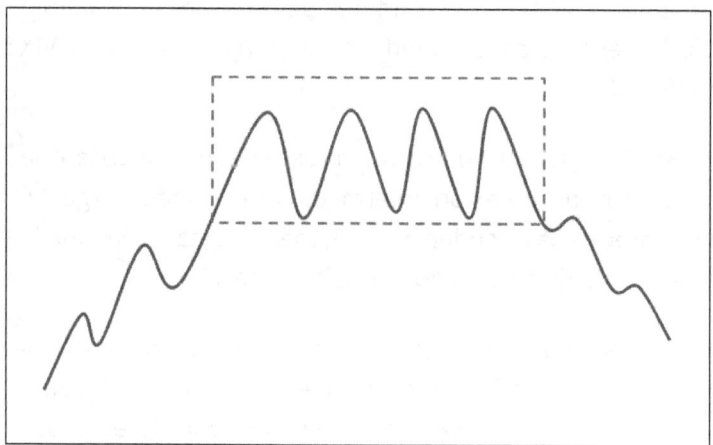

figura 25.4

En general los suelos de medio plazo pueden detectarse principalmente por la aparición de una figura técnica de vuelta, como por ejemplo un doble suelo o un hombro cabeza hombro invertido junto con la aparición de un reversal en el VIX. A veces también es posible que aparezca una señal de claudicación. Además, los suelos de medio plazo que se producen durante el transcurso de una tendencia primaria alcista también pueden distinguirse por la aparición de una mayoría de pesimistas en las encuestas de sentimiento. Sin embargo, hemos de tener en cuenta que si nos encontramos en el desarrollo de una tendencia primaria bajista, es normal que haya mayoría de pesimistas y eso no supone una señal per se como vimos en el capítulo 21 (tabla 25.5).

Evento	Suelo Medio Plazo Tendencia Primaria Alcista	Reversal en el VIX
Reversal en el VIX	Sí	Sí
Figura de vuelta en los precios	Sí	Sí
Claudicación	A veces	A veces
Sentimiento Pesimista > 50%	La mayoría de las veces (significativo)	La mayoría de las veces (no significativo)

tabla 25.5

En la figura 25.6 se muestra el comportamiento del índice S&P 500 durante la primavera de 2012 cuando se produjo una tendencia secundaria bajista de unos 2 meses de duración que llegó a su fin con la clásica aparición de una figura de doble suelo y un reversal en el VIX. Sin embargo, en ningún momento de esas semanas el sentimiento se deterioró tanto como para que las respuestas pesimistas en la encuesta de American Investors alcanzaran una cifra mayor del 50%, ni el mercado descendió lo suficiente como para que se produjera una señal de claudicación. Si estos dos últimos elementos aparecen durante una tendencia bajista secundaria, son factores alcistas de medio plazo, pero es necesario recordar que no siempre se dan.

figura 25.6

En la figura 25.7 puede observarse una corrección de mercado o tendencia secundaria bajista durante el año 2010 en la que sí aparecieron los cuatro elementos: un hombro cabeza hombro invertido que es una figura de vuelta, una mayoría de respuestas bajistas en la encuesta de American Investors (57%), una desvío a la baja de las cotizaciones con respecto a su media de 50 sesiones que es el evento que hemos definido como claudicación y, sobre todo, la aparición de un reversal en el índice de volatilidad VIX.

figura 25.7

Si esos son los elementos clásicos que aparecen durante los puntos de inflexión intermedios entre las tendencias secundarias bajistas y alcistas, es decir, en los suelos, ahora cabe preguntarse sobre qué elementos aparecen en los puntos de inflexión entre las tendencias secundarias alcistas y bajistas o en los techos. La respuesta es más complicada: prácticamente solo podemos fiarnos de las cotizaciones.

Los techos del mercado no son como los suelos en donde se producen eventos fácilmente reconocibles gracias a la violencia con la que operan las emociones de miedo y pánico y que son detectables con diversas herramientas.

En los techos secundarios la principal clave es detectar debilidad técnica y defendernos -dejar de estar expuestos al mercado- en el caso de encontramos en una tendencia primaria alcista -ya que el techo sería una figura de vuelta- o apostar a la baja si nos encontramos en una tendencia primaria bajista -el techo sería una figura de continuación-.

En la figura 25.8 podemos observar el comportamiento del índice S&P 500 en el que tras ascender durante la última parte de 2010 las cotizaciones oscilaron en un rango lateral de varios meses entre enero y julio de 2011. ¿Cómo saber en aquellas fechas si ese rango lateral rompería a la baja? Simplemente no se sabe, especialmente sabiendo que la tendencia económico-bursátil primaria era alcista. Sin embargo, cuando un soporte relevante es violado a la baja, se ha de ser cauteloso y pasar a la defensiva porque tal vez se esté iniciando un movimiento secundario a la baja.

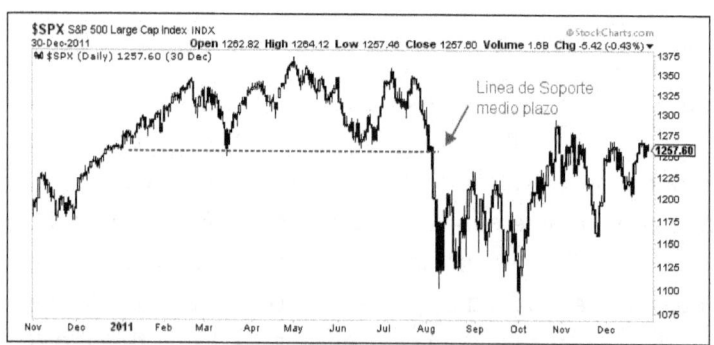

figura 25.8

Obsérvese que he mencionado el concepto de soporte relevante y en concreto el ser cautelosos cuando una consolidación rompe a la baja. Pero, ¿cómo saber cuándo estamos ante un soporte relevante? Relevante es todo nivel de soporte formado por una figura de consolidación en las cotizaciones durante varios meses, de al menos unas 6 semanas de duración.

En la figura 25.9 podemos observar un techo o punto de inflexión intermedio entre una tendencia secundaria alcista y una secundaria bajista durante el transcurso del gran mercado bajista de 2007-2009. En aquella ocasión, después del segundo tramo bajista de aquella recesión, las cotizaciones consiguieron elevarse entre marzo y abril de 2008, para a continuación formar un periodo de consolidación de unas 6 semanas. Cuando las cotizaciones comenzaron a romper ese soporte relevante a la baja, el operador advertido de que la tendencia primaria era bajista debía posicionarse a la baja porque estaba produciéndose el nacimiento de una tendencia secundaria bajista con muchas probabilidades de tener un largo desarrollo en tiempo y magnitud.

Figura 25.9

Más allá de entender que los movimientos de medio plazo nacen y mueren en los puntos de inflexión intermedios o en los suelos y techos como los hemos definido, la operativa de medio plazo se basa en tres pilares.

El primero es detectar la tendencia económico-bursátil de largo plazo como hemos visto en el capítulo 24. La operativa de medio plazo tendrá éxito en la medida en la que las operaciones son establecidas de acuerdo a la tendencia principal. Aunque se opere a un horizonte temporal de pocas semanas, la auténtica ventaja ganadora del operador tiene su origen en un correcto análisis del gran esquema macroeconómico. Hemos visto que suelos intermedios hay muchos, pero que un suelo intermedio durante una tendencia primaria bajista es de escaso valor mientras que un suelo intermedio durante una tendencia primaria alcista es una gran oportunidad.

El segundo pilar es clasificar el comportamiento de las cotizaciones en una de las tres figuras técnicas posibles según su contexto con respecto a la tendencia económica general:

a) Patrones que sugieren que la tendencia de precios continuará a favor de la tendencia económico-bursátil principal (capítulo 15)

b) Patrones que sugieren que las cotizaciones fluctuarán en contra de la tendencia principal -figuras de vuelta- (capítulo 16)

c) Patrones de vuelta que repentinamente se cancelan y acto seguido las cotizaciones siguen fluctuando por la senda que señala la tendencia económico-bursátil principal (capítulo 17).

Finalmente, una vez que sabemos cuál es la tendencia principal y cuál es la situación de las cotizaciones con respecto a esa tendencia, el tercer pilar es encontrar un punto concreto de entrada y un punto preciso en el que señalar si nos hemos equivocado -*stop loss*[1]-.

Retomemos uno de los ejemplos observados anteriormente, el del índice S&P 500 durante el año 2010. En aquellas fechas se produjo una corrección o movimiento secundario bajista y aparecieron 4 señales clásicas que alertaban de que se estaba asistiendo a un punto de inflexión que daría lugar a un nuevo movimiento secundario alcista. Sin embargo, la decisión de operar al alza no viene o no

---

1. *Stop Loss, orden de compra o venta en sentido contrario a nuestra posición que limita las pérdidas.* http://www.novatostradingclub.com/formacion/%C2%BFque-es-un-stop-loss

ha de venir del hecho de detectar estos cuatro elementos, sino del hecho de que por aquél entonces la tendencia macroeconómica era completamente expansiva. Al fin y al cabo, esos mismos elementos pueden darse en un suelo intermedio durante una tendencia primaria bajista y operar al alza en esas circunstancias es una tarea fútil y peligrosa. Cuando se produce una corrección y se detectan elementos de giro, la primera pregunta que se ha de hacer el operador es: ¿cuál es la tendencia económico-bursátil dominante en el largo plazo? El operador ha de encontrar la respuesta en su análisis de los grandes puntos de inflexión del ciclo económico-bursátil y en la monitorización constante de los indicadores económicos más adelantados. En la figura 25.10 podemos observar uno de los principales indicadores, el de creación mensual de empleo. En las fechas en las que se produjo la señalada corrección de 2010, este indicador señalaba claramente que la tendencia macroeconómica era expansiva y, por tanto, el operador ganador que juega con las probabilidades de su lado buscará la manera de posicionarse al alza en el mercado.

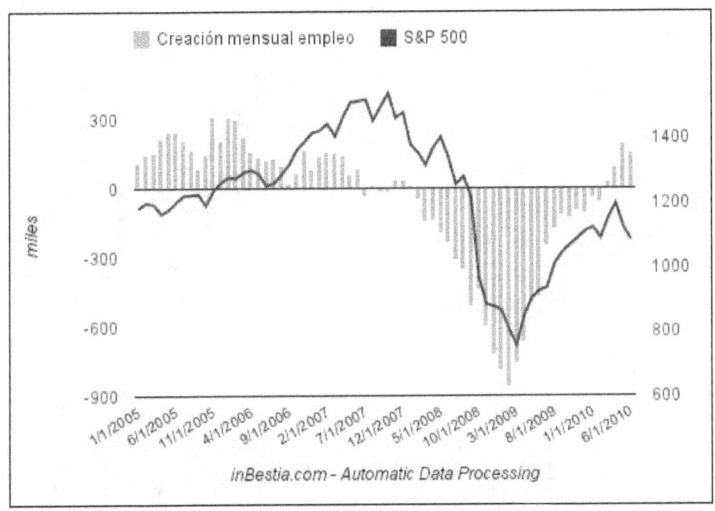

figura 25.10

A partir de ese momento en el que una corrección se está produciendo y sabemos que lo hace durante el transcurso de una gran tendencia económico-bursátil alcista, es básico detectar señales de giro pero, sobre todo, lo fundamental es poder clasificar todo comportamiento de las cotizaciones según sigan, contradigan o sean cancelaciones a favor de la tendencia general. En la figura 25.11 podemos observar que la corrección de 2010 durante los últimos días de junio y primeros de julio siguió rompiendo a la baja a pesar de que se había producido una señal de claudicación y de que el propio VIX había formado un *reversal*.

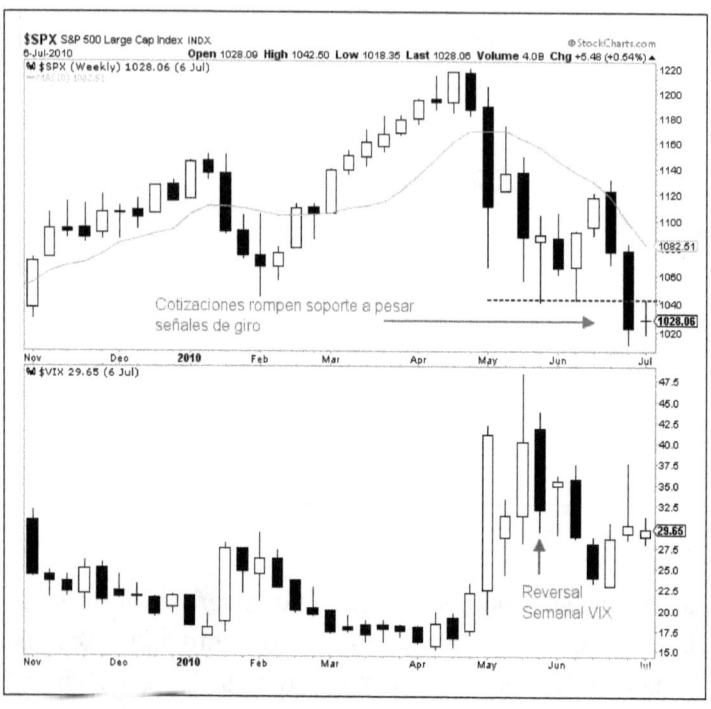

figura 25.11

Es decir, en ese momento, a pesar de que la tendencia primaria era alcista y de que se habían producido señales de giro al alza como vimos anteriormente, la realidad es que el patrón que reflejaban las cotizaciones era el de una figura de vuelta en contra de la tendencia principal que además se estaba confirmando, tal y como explica en el esquema 25.12.

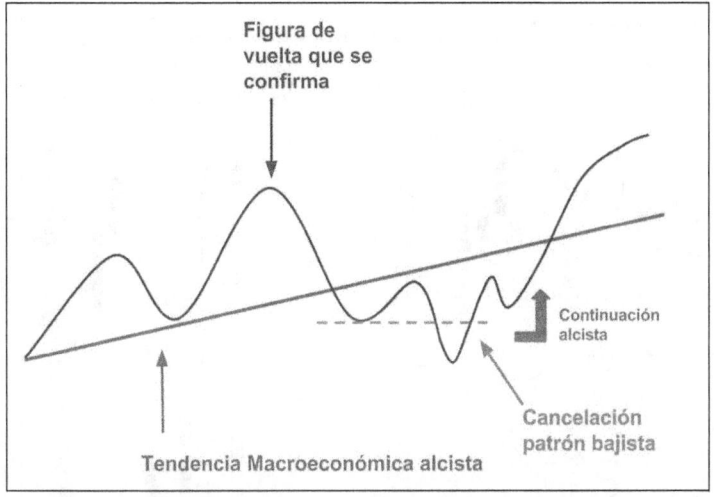

figura 25.12

En esas situaciones, a pesar de que las probabilidades de medio plazo siguen siendo alcistas y de que incluso hay indicios de un giro inminente, el operador ha de seguir en modo defensivo y no contradecir el propio comportamiento del mercado ya que está rompiendo un soporte. Al mercado jamás se le puede contradecir.

Sin embargo, esta rotura de soporte puede cancelarse rápidamente y, de hecho, es lo que suele ocurrir durante un gran mercado económico-bursátil alcista: los soportes rotos suelen acabar convirtiéndose en figuras de vuelta canceladas a favor de la tendencia macroeconómica. Eso es lo que ocurrió en julio de 2010 como refleja la figura 25.13.

figura 25.13

Donde unos días antes nos encontrábamos una tendencia primaria alcista y señales de giro pero una formación de vuelta que se confirmaba a la baja, posteriormente teníamos la misma tendencia primaria alcista, las alentadoras señales de giro, pero, sobre todo, repentinamente se había formado una figura de vuelta cancelada a favor de la tendencia macroeconómica, un patrón muy alcista que suele generar un fuerte rally bursátil (figura 25.14).

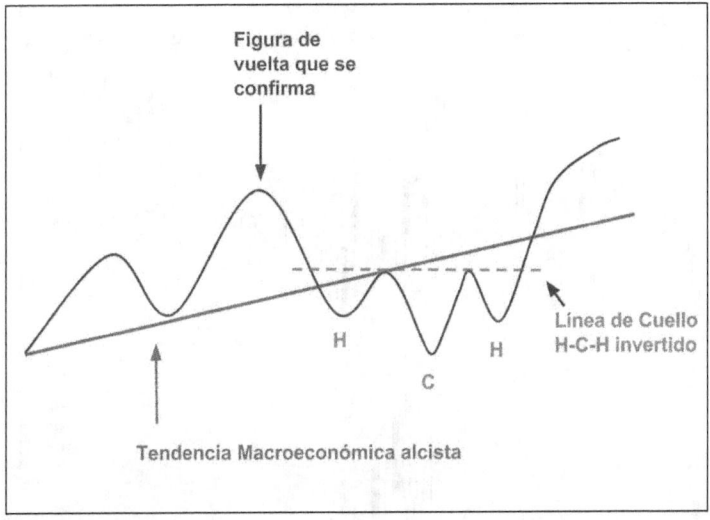

figura 25.14

También, días más tarde, el patrón de vuelta o contratendencial cancelado a favor de la tendencia macro dio lugar a un patrón de continuación como lo fue la aparición de una figura de "hombro-cabeza-hombro invertido" (figuras 25.15 y 25.16).

figura 25.15

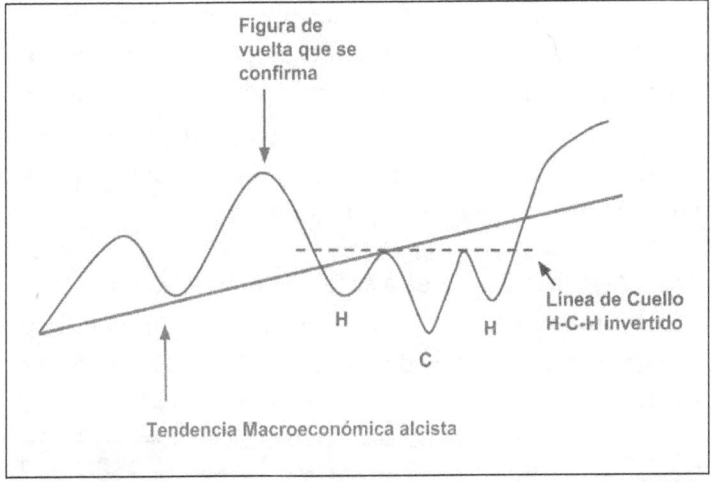

figura 25.16

De esta manera, hemos visto como en aquellas fechas se dieron los tres ejemplos de posibles patrones técnicos de forma sucesiva en cuestión de pocos días. Esto no ocurre siempre así, pero es frecuente que en los puntos de inflexión intermedios de la bolsa tengamos que reevaluar continuamente la información hasta que finalmente la nueva tendencia secundaria queda establecida. Esta necesidad de reevaluación continua es inevitable ya que el propio mercado es dinámico. Lo importante es que siempre entendamos que las probabilidades y la operativa ganadora la obtenemos gracias a un buen análisis de la tendencia principal y que en los movimientos secundarios solo debemos detectar señales de giro y poder clasificar en todo momento si el patrón visible es de continuación, de vuelta o una cancelación a favor de la tendencia macro.

Por último, el tercer pilar del análisis y operativa de medio plazo es elegir en qué momento situar las órdenes de entrada, ya sean compras o ventas y dónde colocar las órdenes de salida o *stop loss* que nos protegerán en los desaciertos. Ambas decisiones son una pura consecuencia de todo lo desarrollado hasta el momento.

Si la tendencia primaria es alcista y el mercado rompe a la baja confirmando una figura de vuelta, simplemente hay que estar fuera del mercado como señalan las figura 25.17 y 25.18.

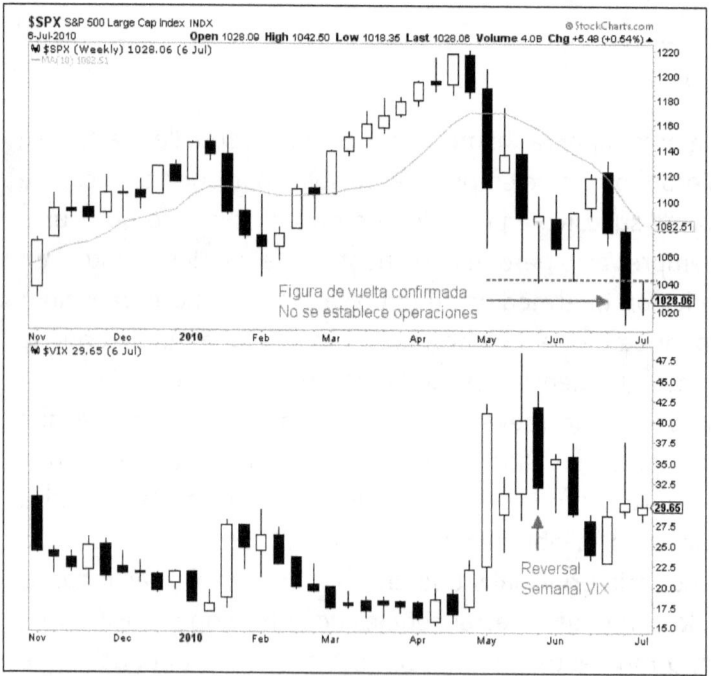

figura 25.17

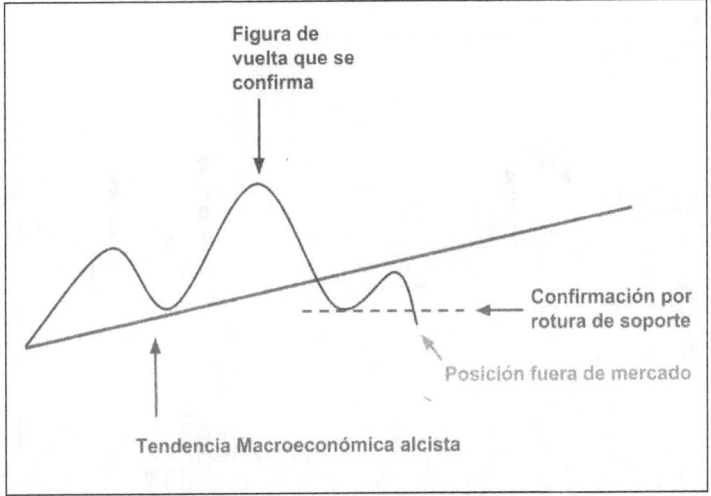

figura 25.18

Si estamos ante una figura de vuelta cancelada a favor de la tendencia macroeconómica, el punto de entrada idóneo es el momento en el que se produce la cancelación, antes de que el mercado suba demasiado. En el mismo momento en el que se decide en qué punto comprar se ha de establecer también el punto exacto de salida en caso de error (stop loss), el cual ha de ser situado por debajo del mínimo que inicialmente era una confirmación de la figura de vuelta y que luego se canceló (figuras 25.19 y 25.20).

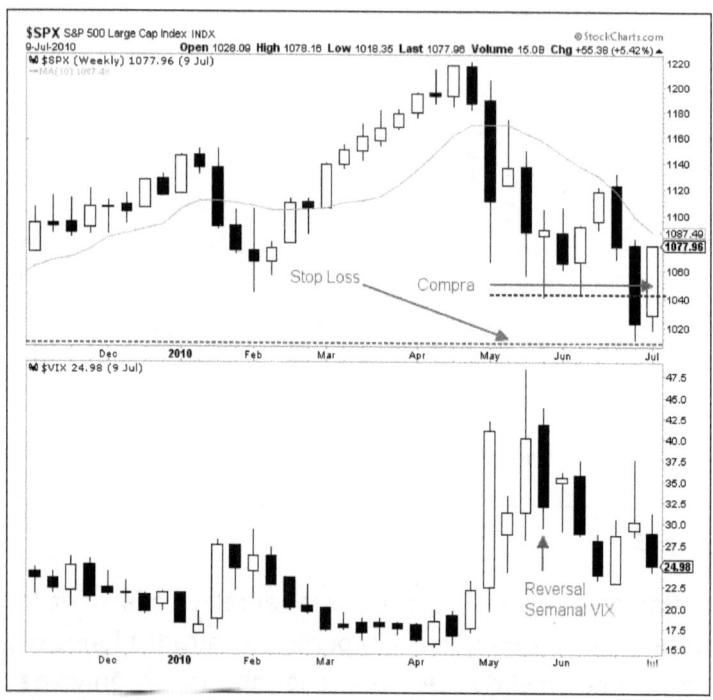

figura 25.19

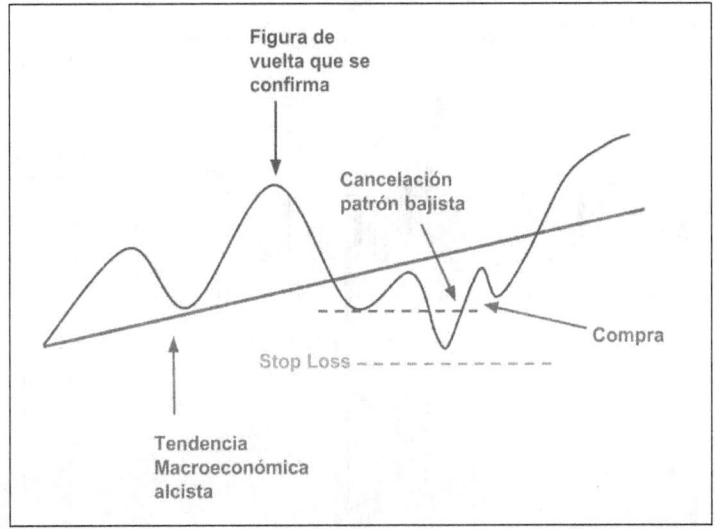

figura 25.20

Finalmente, si estamos en una figura a favor de la tendencia macroeconómica general, el punto de entrada será el mismo punto donde esa figura de continuación se confirma y, el punto de salida en caso de error será aquel que estimemos que si es cruzado de nuevo por las cotizaciones significará que nuestra hipótesis alcista de medio plazo está equivocada (figuras 25.21 y 25.22).

figura 25.21

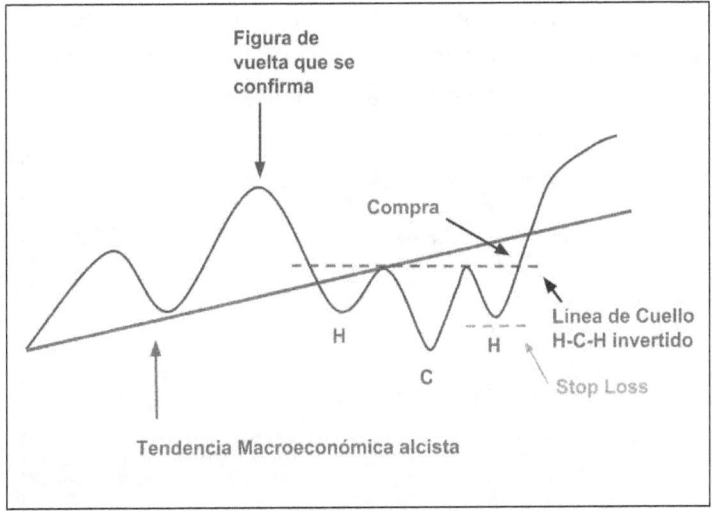

figura 25.22

En el caso de que estemos ante una tendencia bajista primaria, los principios operativos son similares pero no iguales en todos los casos. Podemos categorizar todos los patrones de los precios en figuras de continuación, de vuelta y figuras de vuelta canceladas, pero dado que los suelos y los techos del mercado son diferentes en su psicología y estructura, hay que adaptar la operativa en el caso de las figuras de vuelta canceladas a favor de la tendencia macroeconómica bajista.

Si en los suelos del mercado el momento de entrada es el mismo instante en el que se cancela la figura, en los techos del mercado será más prudente esperar a la rotura del soporte ya que antes de que las cotizaciones efectivamente retrocedan, se pueden producir varios breakouts o roturas falsas (figura 25.23). Los techos intermedios del mercado son erráticos y por eso siempre es mejor esperar a que se quiebre a la baja un soporte relevante que se ha formado durante el transcurso de varias semanas (figura 25.24).

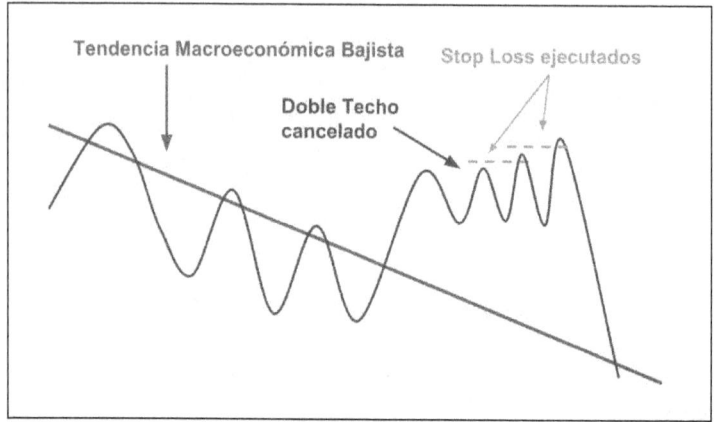

figura 25.23

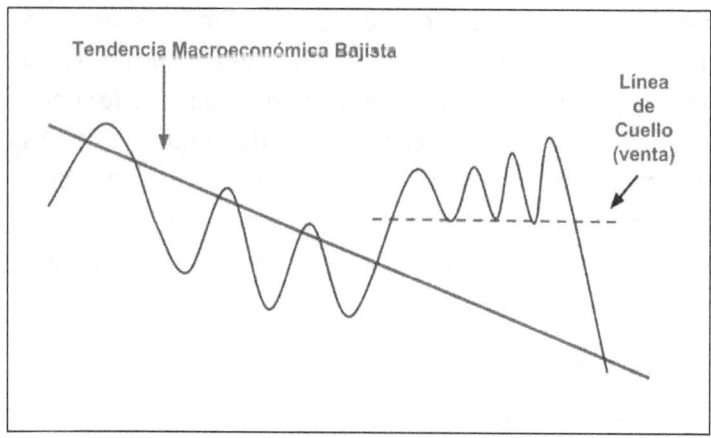

figura 25.24

A modo de resumen, en la tabla 25.25 pueden observarse al detalle los momentos exacto de entradas según en qué tipo de patrón nos encontremos con respecto a la tendencia primaria.

	Tendencia Primaria Alcista	Tendencia Primaria Bajista
Figura a Favor de la Tendencia	Comprar en el punto de confirmación (rotura resistencia)	Vender en el punto de confirmación (rotura soporte)
Figura en Contra de la Tendencia	Defenderse o permanecer inactivo en el punto de confirmación (soporte roto)	Defenderse o permanecer inactivo en el punto de confirmación (resistencia rota)
Figura en Contra Cancelada a favor de la Tendencia	Comprar en el momento de la cancelación	Esperar a la rotura de soporte

tabla 25.25

Una pregunta fundamental en la operativa es hasta cuándo mantener una operación ganadora. La respuesta no puede ser más sencilla. Si entramos en el inicio de un movimiento secundario alcista, podemos estar expuestos al mercado hasta que la tendencia primaria alcista se agote o hasta que detectemos un techo de mercado secundario cuando se rompa un soporte relevante. Si entramos en el inicio de un movimiento secundario bajista, podemos mantener la posición hasta que la tendencia primaria bajista se agote o hasta que detectemos un suelo secundario en el mercado.

Es interesante que en muchas ocasiones el *operador macro* y el seguidor de tendencias puramente técnico se encontrarán situados en el mismo *lado* del mercado y hasta es posible que muchos de los puntos de entrada y salida sean coincidentes. En la figura 25.26 se representa el comportamiento del índice S&P 500 entre junio de 2011 y junio de 2014 y en la que se observa como en enero de 2012 se produjo un cruce al alza de la media de 50 sesiones sobre la media de 200 sesiones, lo que es una clásica señal técnica de tendencia alcista.

figura 25.26

Desde ese momento tanto los operadores técnicos seguidores de tendencias como los operadores macro que siguieron correctamente la tendencia primaria según lo que señalaban los indicadores macroeconómicos, se encontraban expuestos de igual manera a la fortuna del mercado. Sin embargo, toda coincidencia finaliza aquí ya que si las motivaciones de unos y otros son bien distintas, cuando las circunstancias del mercado son diferentes su comportamiento también será diferente.

Un ejemplo perfecto lo tenemos en la corrección bursátil de 2010 (figura 25.27). Durante los primeros días de julio la media de 50 sesiones cruzó a la baja la media de 200 sesiones en lo que es una señal técnica clásica de tendencia bajista. Sin embargo en esos mismos días el mercado -que ya había corregido durante semanas- volvió sobre el soporte que había quebrado a la baja formando una *figura de vuelta cancelada a favor de la tendencia macroeconómica*, lo que suele ser un punto perfecto de entrada para el *trader macro* si considera que la tendencia primaria es alcista. Y en el ejemplo lo era. Operadores puramente técnicos y operadores macro pueden estar en el mismo barco en múltiples ocasiones, pero también tomar posiciones completamente encontradas, hecho que suele pasar en los momentos de gran incertidumbre bursátil.

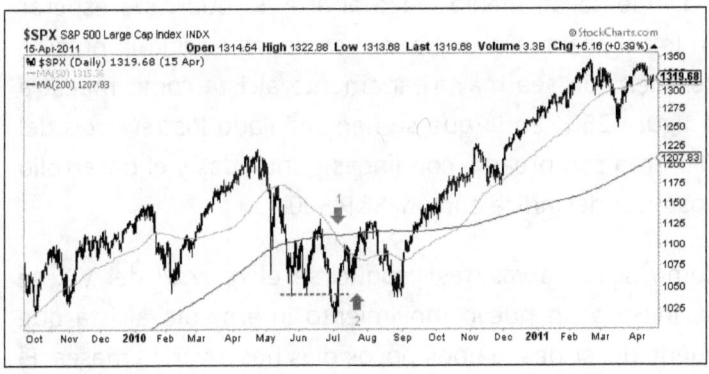

figura 25.27

26 Análisis tendencia terciaria bursátil y trading de corto plazo

Los puntos de inflexión intermedios tienen valor operativo directo -detectarlos habilita para introducir operaciones- pero también son puntos con un alto valor informativo para el operador de corto plazo, aquel que opera en plazos tan cortos como uno o varios días y hasta unas pocas semanas.

La razón se encuentra en que si tras un movimiento a la baja se produce un punto de inflexión intermedio donde, por ejemplo, el VIX forma un *reversal* y se inicia un nuevo movimiento de medio plazo al alza, lo que cabe esperar en los siguientes días y pocas semanas es que la presión del mercado sea mayoritariamente alcista como muestra la figura 26.1, en la que se han señalado los *reversals* del VIX -área sombreada- con líneas punteadas y el desarrollo posterior del índice bursátil S&P 500.

Como se observa, tras producirse el *reversal* del VIX se da inicio a un nuevo movimiento intermedio alcista que puede durar desde unos pocos días hasta varios meses. El operador de corto plazo, si lo que quiere es aumentar la fiabilidad o el número de aciertos en sus operaciones, hará bien en establecer más operaciones al alza que a la baja -sino todas- en estas circunstancias. Cuando la tendencia secundaria es alcista las probabilidades son al alza incluso en plazos tan cortos como 48, 72 horas o 2 semanas.

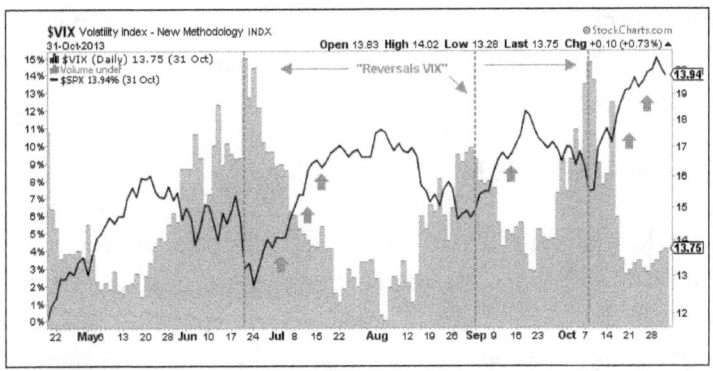

figura 26.1

Una buena operativa de corto plazo requiere una buena capacidad analítica de las tendencias y puntos de inflexión intermedios (capitulo 25), así como de un buen entendimiento de cuál es la tendencia primaria en la que están teniendo lugar las cotizaciones (capítulo 24). Para operar lo inmediato es mejor conocer lo amplio. Para ganar una guerra se necesitan soldados que arriesguen sus vidas, pero la guerra no se gana gracias a la visión del soldado sino a la del estratega militar.

Una vez que el *operador intradía*[1] ,o el *swing trader*[2], detecta esos puntos de inflexión intermedios -al alza o a la baja-, o bien una figura técnica que sugiere que las cotizaciones continuarán su marcha o bien una figura de vuelta cancelada a favor de la tendencia macroeconómica, su trabajo consiste en delimitar las oscilaciones de corto plazo

---

1. *Operador intradía* http://www.investopedia.com/terms/d/daytrader.asp
2. *Swing Trader* http://en.wikipedia.org/wiki/Swing_trading

que se producen a favor de esa nueva tendencia secundaria, ya sea para operar en los giros del mercado o en la roturas de las consolidaciones.

Giros en suelos de formación rápida

Cuando el operador de corto plazo detecta un suelo o punto de inflexión intermedio que sugiere que un nuevo movimiento secundario al alza está comenzando, puede posicionarse en el mercado en el preciso momento en el que se produce ese punto de inflexión siempre y cuando se observe, además, la aparición de una figura de estabilización en las cotizaciones. Un ejemplo lo tenemos en el comportamiento del mercado durante el mes de febrero de 2014 (figura 26.2), cuando se produjo una corrección secundaria menor que llegó a su fin tras un clásico *reversal* del VIX -línea punteada- y apareció un patrón de doble suelo en las cotizaciones en gráfico horario. Si en esos momentos la tendencia económico bursátil era alcista -que lo era- y se produce un giro del VIX y un doble suelo en el mercado, entonces el operador puede posicionarse al alza.

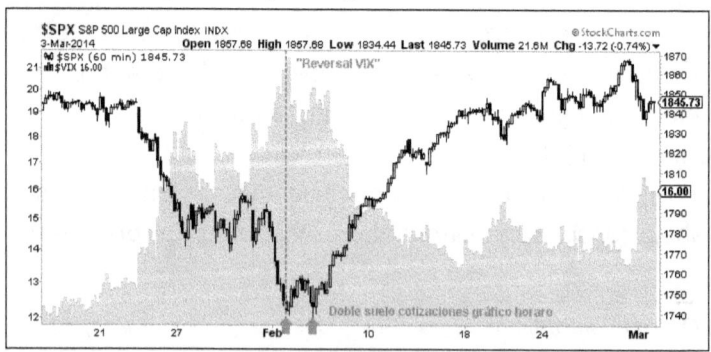

figura 26.2

Es importante tener en cuenta que los suelos del mercado que se producen mediante giros rápidos solamente suelen darse después de una corrección menor, aquella que se encuentra entre el 5 y el 10%. Si la caída es mayor a esa magnitud, frecuentemente el mercado no podrá recuperar la senda alcista con un simple giro y necesitará un mayor tiempo de estabilización. La regla general es que el tiempo de estabilización que un índice bursátil necesita para formar un suelo es proporcional a la duración y la intensidad de la caída previa.

El *stop loss* u orden de salida en caso de error siempre se ha de determinar en el momento previo de la toma de la posición. Y siempre se ha de posicionar en aquel punto técnico en el que se invalidaría nuestra hipótesis alcista o bajista de corto plazo. Muchos operadores temen situar un *stop loss* justo por debajo de un soporte o por encima de una resistencia o muy próximo de un giro reciente por temor a que las *manos fuertes hagan saltar esas órdenes*. Estas consideraciones soldadescas e impropias de un estratega pueden ser correctas para el operador puramente técnico o para aquel que considera que el mundo en el que vivimos es una gran conspiración. Sin embargo, para el operador de corto plazo pero que sabe que la ventaja de su operativa tiene su origen en un correcto análisis de la tendencia económico-bursátil, no hay problema en posicionar las órdenes *stops loss* relativamente cerca de los puntos de giro (figura 26.3), ya que sabe que la mayoría de sus operaciones serán ganadoras.

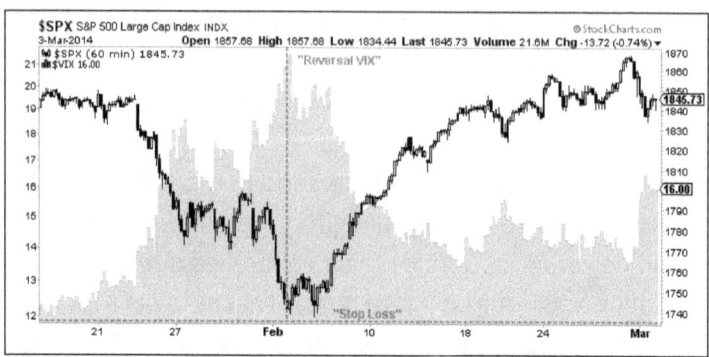

figura 26.3

Ocurre frecuentemente que el operador no ve con claridad el momento en el que se produce un nuevo giro de medio plazo al alza, o simplemente no está observando el comportamiento del mercado o tal vez entra pero se sale rápido y desea volver a posicionarse.

Esto no es un problema. Los giros intermedios del mercado son puntos en los que se pueden establecer operaciones de forma directa pero también son puntos de alto valor informativo. Una vez que se produce un giro intermedio al alza -indicado, por ejemplo, con un *reversal* del VIX- el operador de corto plazo sabe que las probabilidades son alcistas durante días y semanas, al menos hasta que no aparezca una figura técnica que señale un giro a la baja del mercado -por ejemplo un soporte de varios días o semanas de duración que se quiebra a la baja-.

Así, un giro intermedio además de ser una operación en sí mismo, es un punto de partida a partir del cual establecer futuras operaciones al alza. Pero, ¿cómo se ha de sumar el operador de corto plazo a un movimiento alcista ya iniciado? La respuesta es buscar puntos de entrada en las consolidaciones que se produzcan tras el giro de medio plazo en las cotizaciones.

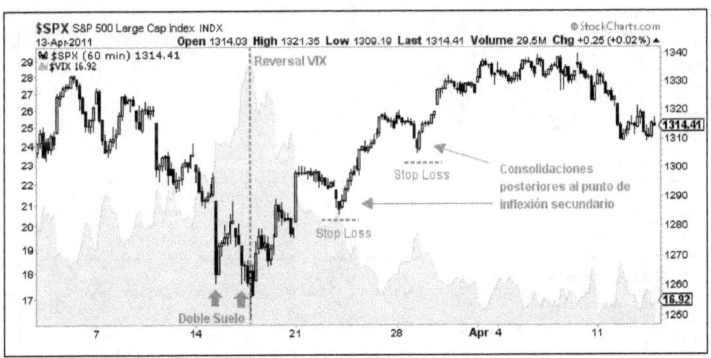

figura 26.4

Sin embargo, muchas veces observaremos que tras el inicio de un nuevo movimiento alcista de medio plazo, simplemente no se producen consolidaciones (figura 26.5). En ese caso será necesario realizar un *juego de lupas* o a*mpliar la visión del microscopio* (figura 26.6), utilizando un gráfico de menor minutaje (figura 26.7) para encontrar consolidaciones de los precios en los que poder posicionarnos y establecer puntos de salida en caso de error -*stop loss*-.

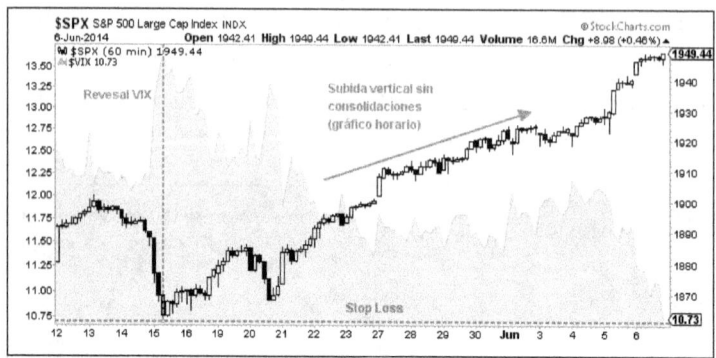

figura 26.5

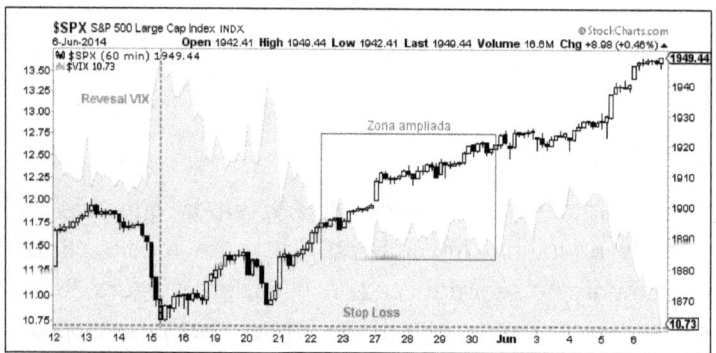

figura 26.6

figura 26.7

En la figura 26.5 el gráfico es horario, y la figura 26.7 es el mismo índice bursátil pero observado desde un gráfico representado con velas de 5 minutos. Una vez que conocemos cuál es la tendencia económico-general o primaria y detectamos un giro al alza de medio plazo en el mercado, podemos analizar gráficos menores con el objeto de operar los pequeños giros y los pequeños breakouts -roturas alcistas- siempre que sea a favor de las tendencias primaria y secundaria. Hacer esto desde una perspectiva puramente técnica es un juego aleatorio. Hacerlo teniendo en cuenta las condiciones generales es especular.

Figuras técnicas a favor de la tendencia principal

Además de los frecuentes giros de formación rápida, muchas veces nos encontraremos ante situaciones de mercado en las que las cotizaciones requerirán mayor tiempo de consolidación en las cuales se formará una figura técnica a favor de la tendencia económico bursátil general. En el capítulo anterior se mostró un ejemplo (figura 26.8) sobre cómo actuar ante estos patrones a medio plazo. No obstante, el operador de corto plazo también puede explotar estos patrones: cuando tiene lugar una figura de continuación alcista de medio plazo, el operador ha de sobreponderar el número de operaciones alcistas, sino todas. Es decir, si se encuentra en una tendencia primaria alcista y además ha comenzado una nueva tendencia secundaria alcista al confirmarse un patrón de continuación de la tendencia, lo acertado será introducir operaciones alcistas incluso en el corto plazo.

figura 26.8

Estas operaciones se pueden introducir a partir del mismo momento en el que la figura de continuación alcista se confirma (figura 26.9) y de ahí en adelante en las siguientes consolidaciones hasta que el movimiento secundario alcista finalice (figura 26.10).

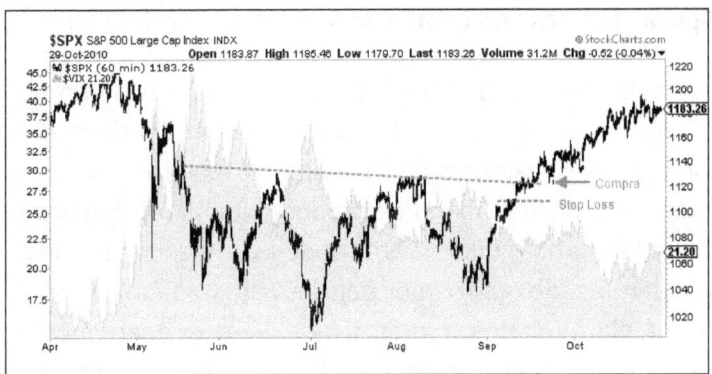

figura 26.9

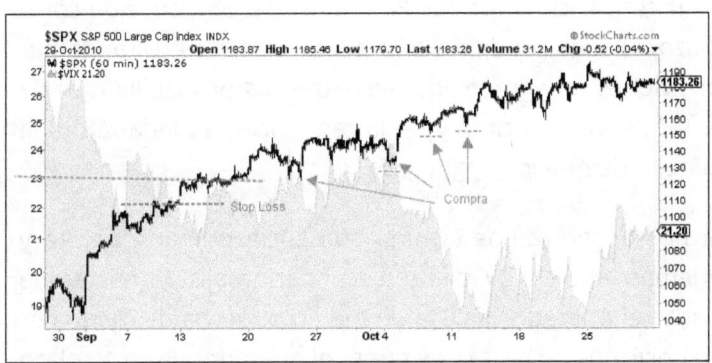

figura 26.10

Si un operador negociara ciegamente de esta forma -buscando consolidaciones- en toda circunstancia de mercado, su resultado, incluso si su ejecución fuera excelente, sería muy pobre o netamente perdedor. Pero si el operador negocia de esta manera porque está apostando a favor de las probabilidades debido a que ha analizado correctamente las tendencias primarias y secundarias, entonces está especulando inteligentemente.

Figuras técnicas en contra de la tendencia principal

Detectar una nueva tendencia secundaria o un punto de giro intermedio es de valor tanto para el operador de medio como para el de corto plazo -e incluso para el del largo plazo-. Y conocer cuando se produce una figura o patrón secundario intermedio en contra de la tendencia principal también es de gran importancia para los operadores de los plazos cortos e intermedios. Para el operador de medio plazo lo es porque cuando se produce una figura de vuelta, ésta supone el fin de su operación previa a favor de la tendencia principal. En el caso del operador de corto plazo, lo más prudente que puede hacer es evitar tomar posiciones en el mercado hasta que las probabilidades de la tendencia principal y de la tendencia secundaria no se alineen de nuevo.

Si nos encontramos en una tendencia primaria bajista y además en un movimiento secundario bajista, ¿hasta qué punto el operador bajista de medio plazo ha de mantener su posición?, ¿y hasta qué punto el operador de corto plazo hará bien en sobreponderar el número de operaciones bajistas? La respuesta es hasta que la secundaria bajista llega a su fin. En la figura 26.11 se reproduce el desarrollo del índice S&P 500 entre febrero y septiembre de 2008, durante el transcurso de la tendencia primaria bajista de 2007-2009 que tuvo lugar durante la Gran Recesión que sufrió Estados Unidos en esos años. La bolsa americana había formado su techo cíclico en octubre de 2007 y no dejaría de descender hasta marzo de 2009. Entre finales de mayo y principios de junio de 2008, como muestra el gráfico, el índice quebró a la baja la zona de consolidación y con esa rotura se inició un nuevo movimiento secundario bajista dentro de la referida gran tendencia primaria bajista. Ese punto de inicio de la tendencia secundaria bajista fue el pistoletazo de entrada con posiciones bajistas para los operadores de medio y corto plazo y caducó a mediados de julio cuando se produjo un reversal en el VIX, el cual señaló el fin del movimiento bajista iniciado mes y medio antes.

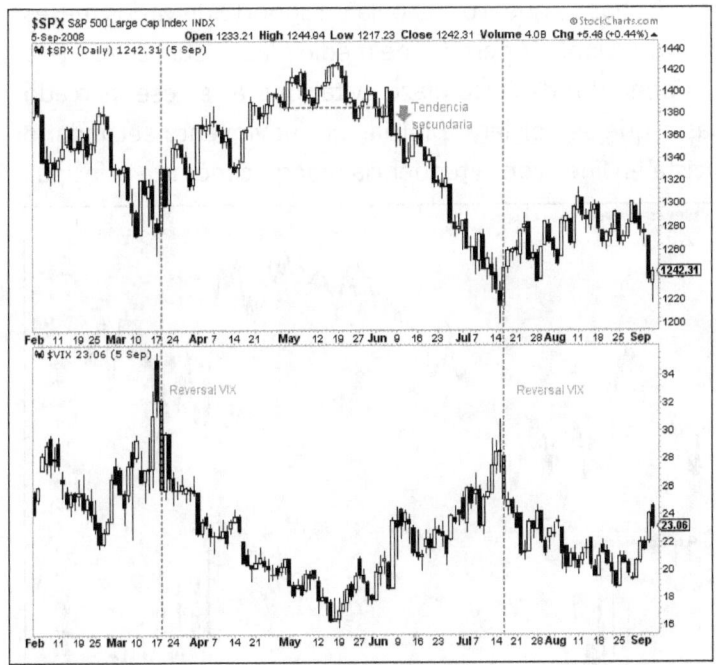

figura 26.11

Si por el contrario nos encontramos en una tendencia primaria alcista y además en un movimiento secundario alcista, ¿hasta qué punto el operador de medio plazo ha de mantener su posición? ¿Y hasta qué punto el operador de corto plazo hará bien en sobreponderar el número de operaciones alcistas? La respuesta es hasta que la tendencia secundaria alcista llega a su fin. En la figura 26.12 se muestra la evolución del mercado entre los años 2010 y 2011 durante el desarrollo de la tendencia primaria alcista nacida en 2009. Después de producirse una fuerte corrección en el verano de 2010, se inició un nuevo movimiento secundario alcista que duró hasta finales de julio de 2011. Cuando en esas fechas se quebró a la baja un soporte de varios meses de formación, el operador de medio plazo debía estar fuera y el operador de corto plazo evitar operar en ese mercado hasta que se volviera a iniciar un movimiento secundario alcista en línea con la tendencia macroeconómica principal.

figura 26.12

Figuras técnicas canceladas a favor de la tendencia principal

En el anterior capítulo ya hablamos de las figuras técnicas canceladas a favor de la tendencia macroeconómica. La clave para el operador de corto plazo es entender que cuando se producen estos específicos momentos de mercado ha de comenzar a sobreponderar el número de operaciones alcistas o bajistas, según en qué tendencia primaria se encuentre la bolsa. A partir de estos puntos en los que parece que, por ejemplo, el mercado rompe un soporte para a los pocos días volver de nuevo sobre ese nivel, suele generarse un poderoso movimiento a favor de la tendencia principal. En la figura 16.13 se muestra el desarrollo del índice S&P 500 entre abril y septiembre de 2009, es decir, en los albores del gran mercado alcista nacido en marzo de ese año. Tras los ascensos iniciales durante los meses de marzo, abril y mayo, se produjo una consolidación de unas 8 semanas en la que se formó un patrón de cabeza con hombros, el cual es un patrón de vuelta que señala un potencial giro del mercado a la contra. En los primeros días de julio el mercado comenzó a romper a la baja confirmando la figura de vuelta y poniendo en alerta a los operadores del mercado de que una nueva tendencia secundaria bajista había nacido. A pesar de ello, a los pocos días las cotizaciones volvieron rápidamente al alza cancelando el patrón bajista e iniciando un poderoso rally alcista que estaba en sintonía con la tendencia económico-bursátil nacida unos meses antes.

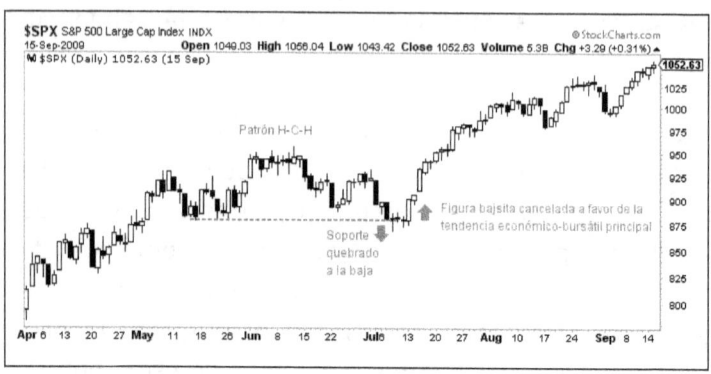

figura 26.13

Si se observa el comportamiento del mercado en gráfico horario (figura 26.14) se puede advertir que la confirmación del patrón bajista y su propia cancelación se produjeron con una figura de doble suelo, lo cual es muy común en puntos de alta incertidumbre del mercado.

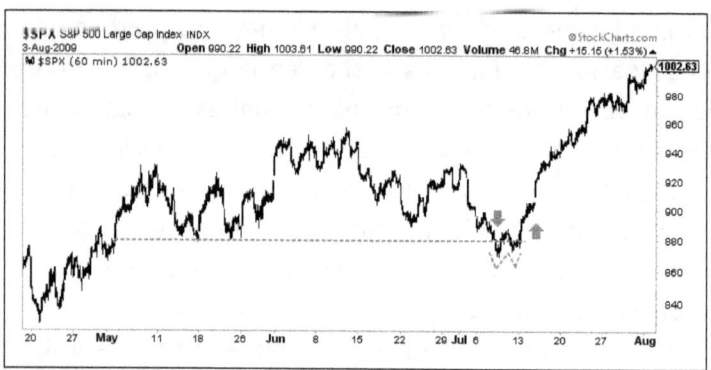

figura 26.14

Desde ese preciso momento en el que se produce la cancelación de la figura bajista a favor de la tendencia primaria, el operador de corto plazo ha de ser consciente de que las probabilidades son muy alcistas y que lo adecuado es establecer la mayoría de las operaciones al alza sino todas. Si solo se llega a interpretar o conocer con retraso el hecho de la cancelación de la figura contraria a la tendencia principal, el operador igualmente ha de seguir sobreponderando sus operaciones al alza hasta que no se produzca un nuevo evento bursátil en sentido contrario, es decir, hasta que la tendencia secundaria siga vigente.

Recordemos que en el capítulo 25, se advirtió que las figuras de vuelta canceladas a favor de la tendencia macroeconómica no se operan igual dependiendo de si son figuras alcistas o bajistas ya que los suelos y los techos del mercado son diferentes en su estructura y psicología. Los operadores de corto plazo, al igual que los de medio plazo, han de tener en cuenta este factor.

Este capítulo solo pretende mencionar algunas consideraciones fundamentales en lo que respecta a una operativa macro en la que a pesar de que las operaciones son de corto plazo, se realizan desde una perspectiva del largo plazo. Un plan de trading completo en el que se detalla el grado de exposición a tomar, los riesgos a asumir, la recolocación de stops y otras variables está fuera del objeto de este libro ya que es algo completamente personal que varía de operador a operador, según su experiencia, expectativas y psicología.

No obstante es importante añadir que si una operación comienza a desarrollarse en contra de nuestros intereses, es esencial ejecutar el *stop loss* que previamente hemos establecido en el punto en el que hemos considerado que nuestra hipótesis alcista o bajista se invalidaría.

En la operativa de corto plazo que establece posiciones a favor de la gran tendencia económico-bursátil de varios años de duración, cabe preguntarse cuántas veces un operador puede insistir comprando o vendiendo hasta que finalmente las cotizaciones siguen su curso en línea con la tendencia primaria. La respuesta se encuentra en lo que Paul Tudor Jones, el gran gestor macro, le dijo a Jack D. Schwager cuando le preguntó lo mismo[3]: *"hasta que mi idea fundamental del mercado cambie"*.

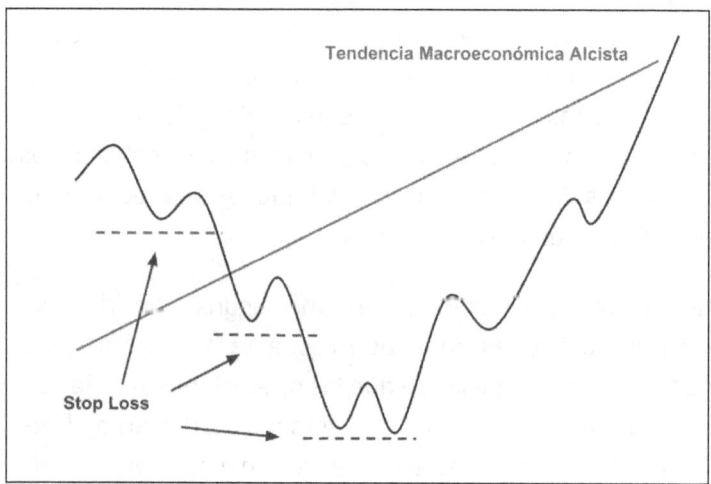

figura 26.15

---

3. Entrevista a Paul Tudor Jones, *Market Wizards: interviews with top traders* http://goo.gl/vq1qU6

Jack D. Schwager - Un aspecto de tu estilo de trading, es que es un intento contrarian de comprar y vender puntos de giro. Digamos que buscas techos cuando el mercado hace nuevos máximos para ponerte corto con un stop muy ceñido. Entonces si tu operación resulta fallida pero sigues pensando que el mercado caerá, ¿cuántas veces intentarás "pillar" ese giro antes de abandonar la idea?

Paul Tudor Jones - Hasta que mi idea fundamental del mercado cambie. De otra manera, lo que haré será seguir intentándolo pero reduciendo el tamaño de mis posiciones (riesgo). Cuando lo estoy haciendo mal, lo que hago es reducir y reducir mi riesgo. De esa manera, estaré negociando los paquetes más pequeños en los momentos más bajos de mi carrera.

www.ingramcontent.com/pod-product-compliance
Lightning Source LLC
Chambersburg PA
CBHW071359170526
45165CB00001B/104